UEBERREUTER

TALK ABOUT

SYLVIA ENGLERT WURDE 1970 GEBOREN. SIE ARBEITET ALS JOURNALISTIN UND FREIE AUTORIN UND HAT SCHON ZAHLREICHE SACHBÜCHER FÜR JUGENDLICHE UND ERWACHSENE VERÖFFENTLICHT, DARUNTER »WÖRTERWERKSTATT« UND »CAFÉ ANDROMEDA«. SIE LEBT IN MÜNCHEN. WWW.SYLVIA-ENGLERT.DE

MARIE-LUISE KUNST WURDE 1972 GEBOREN. SIE STUDIERTE SOZIALPÄDAGOGIK, ARBEITETE IM JUGENDAMT UND IST HEUTE ALS AUTORIN UND MARKETINGEXPERTIN TÄTIG. SIE LEBT MIT MANN UND KIND IN MÜNCHEN.

DER RECHTSRATGEBER FÜR JUGENDLICHE

Rechte, Pflichten, Adressen und Tipps

**SYLVIA ENGLERT
MARIE-LUISE KUNST**

UEBERREUTER

Bei den angegebenen Beratungsstellen handelt es sich nur um einige ausgewählte Institutionen. Adressen und Telefonnummern entsprechen dem aktuellen Stand zur Zeit der Drucklegung. Besonders Internetadressen, die einem schnellen Wandel unterliegen, können sich inzwischen geändert haben. Für die Inhalte der Websites kann der Verlag keinerlei Verantwortung übernehmen.

ISBN 3-8000-1599-4
Alle Urheberrechte, insbesondere das Recht der Vervielfältigung,
Verbreitung und öffentlichen Wiedergabe in jeder Form,
einschließlich einer Verwertung in elektronischen Medien,
der reprografischen Vervielfältigung, einer digitalen Verbreitung
und der Aufnahme in Datenbanken, ausdrücklich vorbehalten.
Coverfoto © by ZEFA / S. Puetz
Copyright © 2005 by Verlag Carl Ueberreuter, Wien
Druck: Druckerei Theiss GmbH, St. Stefan i. L.
7 6 5 4 3 2 1

Ueberreuter im Internet: www.ueberreuter.at

INHALT

VORWORT	6
Die 10 Gebote im Umgang mit dem Recht	7
Immer diese Eltern … – wenn es in der Familie kracht	8
Hey, Teacher – dein Recht in der Schule	25
Der Staat und du – von der Demo bis zum Zivildienst	35
Online ohne Folgen – Computer und Handy	44
Mobil ohne Sorge – mit Fahrrad, Moped, Öffentlichen unterwegs	57
Money, Money, Money – alles über Geld, Jobs, Ausbildung	70
Rätsel der Erwachsenenwelt – Steuern und Sozialversicherung	85
Der Frust mit dem Türsteher – Weggehen und Drogen	92
Liebe Sünde – Sex und die Folgen	100
Schwerer Ärger! – bei der Polizei und vorm Richter	111
Wichtige Adressen	126

Hallo!

Im Alltag begegnest du immer wieder Fragen und Problemen, die mit Recht und Gesetz zu tun haben. Und bestimmt bist du manchmal unsicher, ob du im Recht bist oder nicht, denn viele ganz praktische Sachen lernt man nicht in der Schule. Dürfen meine Eltern mir verbieten, dass ich mich mit meiner neuen Flamme treffe? Muss ich bezahlen, wenn ich mir mit dem Klingelton versehentlich ein teures Abo runtergeladen habe, das ich gar nicht wollte? Bin ich vorbestraft, wenn ich beim Schwarzfahren erwischt werde?

Es ist sehr praktisch, seine Rechte zu kennen und ein bisschen was über das Gesetz zu wissen. Wenn du *weißt*, dass das Gesetz auf deiner Seite ist, dann hast du eine viel bessere Verhandlungsposition. Umgekehrt kennst du auch deine Pflichten und damit die Grenzen, über die du nicht hinausschießen darfst. Und wenn du etwas angestellt hast und in Schwierigkeiten kommst, weißt du wenigstens, was Sache ist – und kannst größeren Ärger vielleicht von vornherein vermeiden.

Dieses Buch wird dir bei deinen Abenteuern im »Rechtsdschungel« helfen.

Viel Glück wünschen dir dabei
Sylvia Englert und Marie-Luise Kunst

PS: Der Einfachheit halber haben wir meist die männliche Form für Personen verwendet, damit sind natürlich Frauen und Mädchen genauso gemeint!

Und noch etwas: Falls du in Österreich oder der Schweiz lebst, haben wir ein paar extra Hinweise für dich, wenn die rechtliche Situation anders ist als die in Deutschland. Sonst kannst du davon ausgehen, dass die Gesetze in deinem Land ähnlich gehandhabt werden wie im Haupttext angegeben.

Die 10 Gebote im Umgang mit dem Recht

1. Was du nicht willst, dass man dir tu, das füg auch keinem anderen zu.

2. Worte sind immer die bessere Lösung als Gewalt.

3. Wenn du mit jemandem Ärger hast, versuche zuerst das Problem mit der Person selber zu klären, bevor du Dritte einschaltest.

4. Kannst du dich mit jemandem nicht einigen, sucht euch einen Vermittler, dem ihr beide vertraut. Versucht mit seiner Hilfe eine Lösung zu finden, mit der ihr beide zufrieden seid.

5. Lass dir nicht alles gefallen, aber poche auch nicht stur auf dein Recht. Manchmal verschlimmert dies das Problem noch. Außerdem kostet es Geld, Zeit und Nerven, vor Gericht zu gehen.

6. Wenn du beobachtest, dass jemandem Unrecht getan wird, dann versuch einzugreifen und zu helfen.

7. Wenn du mit Ämtern und Beratungsstellen zu tun hast, bleib dran, auch wenn's mühsam ist. Du hast Anspruch auf Hilfe!

8. Solltest du letztlich doch Unrecht haben oder dein Recht nicht bekommen, sei ein guter Verlierer.

9. Wenn du gegen jemanden dein Recht durchsetzen kannst, sei nicht schadenfroh.

10. Nicht alles, was offiziell Recht ist, ist auch immer gerecht.

IMMER DIESE ELTERN ...
– wenn es in der Familie kracht

Es steht wieder mal Spitze auf Knopf – in der Küche brodelt die Luft. Du willst noch ausgehen, deine Eltern sagen Nein. Also gehst du einfach in dein Zimmer, holst das Gesetzbuch raus und schlägst triumphierend den passenden Paragraphen auf? Nein, leider nicht. Gerade für den Umgang in der Familie gibt es ganz wenige vom Gesetzgeber festgelegte Regeln; die meisten geben nur eine grobe Richtlinie, wie Kinder erzogen werden sollen. Z. B. dass Kinder, wenn sie älter werden, immer mehr selbst entscheiden möchten und das auch dürfen. Und dass deshalb Entscheidungen nicht von deinen Eltern über deinen Kopf hinweg getroffen werden dürfen, sondern mit dir besprochen werden müssen. Je älter du wirst, desto mehr Verantwortung für alles, was du tust, sollst du übernehmen. Du musst dir nicht alles gefallen lassen.

Das meiste, worüber man in der Familie streitet, ist also Verhandlungssache. Es ist nie schlecht, für diese »Verhandlungen« gewappnet zu sein. Und für die wirklich groben Sachen, die in manchen Familien abgehen – wenn es z. B. zu Gewalttätigkeiten kommt oder ihr euch einfach überhaupt nicht mehr vertragt –, gibt es selbstverständlich Gesetze und jede Menge Einrichtungen, die dir helfen können.

AN MAMAS ROCKZIPFEL?

Die Familie der 15-jährigen Anna ist erst vor kurzem in eine größere Stadt gezogen. Ihre Eltern haben Angst um Anna, weil sie glauben, dass sie in der Großstadt unter die Räder kommt. Anna muss jeden Tag um 20 Uhr zu Hause sein. Als sie mal eine Viertelstunde Verspätung hat, haben ihre Eltern schon bei allen ihren neuen Freunden zu Hause angerufen und furchtbaren Terror gemacht. Alle wissen jetzt, wie peinlich Annas Eltern sind. Bald schon wird sie gar nicht mehr gefragt, wenn jemand eine Party plant. Anna darf ja eh nicht.

Solange man minderjährig ist, haben die Eltern das Recht, den Aufenthalt ihres Kindes zu bestimmen. Das heißt, Anna kann nicht ausgehen, wie lange und wohin sie will, ohne ihre Eltern zu fragen. Sie kann auch nicht einfach allein mit Freunden verreisen, wenn ihre Eltern damit nicht einverstanden sind. Andererseits sind ihre Eltern aber verpflichtet, sie zur Eigenständigkeit zu erziehen. Schließlich kann man nicht mit 17 nur an Mamas Hand aus dem Haus gehen und mit 18 auf einmal die Nacht in der Disko durchmachen oder in den Sommerferien mit den Freunden nach Ibiza fliegen. Es macht also wenig Sinn, wenn Eltern – wie im Beispiel oben – ihr Kind aus lauter Angst, ihm könnte was passieren, überbehüten.

Tipps, wenn deine Eltern sehr besorgt sind:
> Lass sie dich mal bei deinen Freunden von ihnen abholen, damit sie deren Elternhaus kennen lernen. Es beruhigt deine Eltern sicher, wenn sie sehen, wo du dich »rumtreibst«.

> Bitte sie, zum Elternabend in die Schule zu gehen und mit den Eltern deiner Mitschüler darüber zu reden, wie dort das Ausgehen geregelt wird. Deine Eltern wollen sicher nicht, dass du innerhalb der Klasse zum Außenseiter wirst.

> Wenn du mit deinen Freunden eine Urlaubsreise planst, gib deinen Eltern die genauen Reisedaten: Mit welchen Verkehrsmitteln ihr wann von wo nach wo unterwegs sein werdet und wo ihr übernachtet. Versprich ihnen, dich in regelmäßigen Abständen telefonisch zu melden.

> Wenn deine Eltern dir verbieten in Diskos oder Kneipen zu gehen, hängt es sehr von deinem Alter ab, ob du dagegen rebellieren solltest. Denn hier gibt es tatsächlich Bestimmungen zum Schutz Jugendlicher, die auch deine Eltern befolgen müssen. Diese Jugendschutzbestimmungen kannst du natürlich auch als Argument verwenden, wenn deine Eltern dir extrem viel weniger zugestehen (s. S. 92 ff. – Der Frust mit dem Türsteher).

ICH SUCH MIR MEINE FREUNDE SELBER AUS!

Tim ist 16 und Schwarz ist seine neue Lieblingsfarbe. Jeden Monat freut er sich auf die Gothic-Party im Dark Angel. An seiner Schule hat er eine Clique gefunden, mit der er sich trifft, Musik hört und Tipps für sein Outfit bekommt. Seit Tim angefangen hat, sein Zimmer umzugestalten, und seine Freunde zu sich nach Hause einlädt, ist dicke Luft. Seine Eltern haben Angst, dass ihr Sohn Satanismus betreibt, und verbieten ihm, seine Freunde weiter zu treffen.

Zum Sorgerecht der Eltern gehört auch das so genannte Umgangsrecht. Das heißt, sie dürfen ihren Kindern den Umgang mit bestimmten Personen verbieten. So etwas darf aber natürlich nicht aus einer Laune heraus passieren, sondern muss handfeste Gründe haben. Die Person oder die Gruppe, mit der ein betroffener Jugendlicher keinen Kontakt mehr haben darf, muss eine ernste Gefahr für ihn darstellen. Das könnte z. B. sein, wenn du Freunde hast, die einer extremen politischen und gewaltbereiten Gruppe angehören.

Man kann dir aber nicht verbieten Leute zu treffen, nur weil sie sich irgendwie »seltsam« anziehen. Ebenso wenig können deine Eltern dir den Kontakt zu jemandem verbieten, den du liebst, nur weil sie finden, dass er oder sie nicht zu dir passt oder du noch nicht alt genug für eine Liebesbeziehung bist (hier kommt es aber auch auf dein Alter und das deines Freundes/deiner Freundin an – s. S. 100 ff. – Liebe Sünde).

Für Tim heißt das konkret, dass er seinen Eltern ein bisschen mehr Einblick in seine neue Clique geben sollte. Denn in der Gothic-Szene gibt es natürlich Randgruppen, die Satanismus betreiben oder rechtsradikal sind, daher ist ihre Vorsicht berechtigt. Wenn Tim Gewissheit hat, dass er nicht in eine gefährliche Gruppierung hineingeraten ist, sollte er seine Eltern davon überzeugen, dass es ihm und seinen Freunden nur um düstere Musik und coole Klamotten geht.

»IN« SEIN IST ALLES?

Lisa, 13, hat sich von ihrem Taschengeld heimlich Schminkzeug gekauft. Mit ihrer zwei Jahre älteren Freun-

din Mona hockt sie im Bad vorm Spiegel. Mona zeigt ihr, wie man sich die Wimpern richtig tuscht und Lippenstift aufträgt. Nachher wollen sie sich in ihr neues Outfit schmeißen und den Jungs im Park beim Basketballspielen zugucken. Da kommt Lisas Mutter ins Badezimmer und rastet aus. Sie ist der Meinung, Lisa sei noch ein Kind und dürfe auf gar keinen Fall so »angemalt« auf die Straße gehen. Schließlich zieht Mona alleine los und Lisas Mutter schrubbt Lisa das Gesicht mit dem Waschlappen ab.

Endet die elterliche Sorge am Kleiderschrank, am Schminkkoffer, vor dem Piercing- oder Tattoostudio? Das lässt sich so einfach nicht sagen, denn es kommt immer darauf an, wie alt du bist und ob das, was du machen lassen willst, ein Eingriff in deine körperliche Unversehrtheit ist. Eine 10-Jährige in supersexy Klamotten gerät leicht in Gefahr, von Älteren überschätzt zu werden – zu ihrem Schutz müssen die Eltern ihr so einen Aufzug verbieten.

Ähnlich ist es, wenn jemand mit seinem Aussehen eine politische Gesinnung ausdrückt – ein 13-Jähriger in Springerstiefeln und mit Glatze sollte nicht mit der Zustimmung seiner Eltern rechnen.

Dass Lisa mit 13 anfängt, auf ihr Äußeres zu achten und sich zu schminken, ist aber völlig normal und ihre Mutter würde besser daran tun, Lisa gut zu beraten, damit sie nicht zu »dick aufträgt«, sondern wirklich ein schickes, altersgemäßes Styling dabei rauskommt.

Bei Piercings und Tattoos sieht die Sache noch mal anders aus: Ein seriöses Studio muss nämlich bei einem Minderjährigen die schriftliche Einwilligung der Eltern verlangen. Ein Piercing oder Tattoo ist – genau wie ein gezogener Zahn oder eine Blinddarm-OP – ein Eingriff in deinen Körper; ein Tattoo trägst du den Rest deines Lebens. Du solltest deshalb immer darauf achten, dass du es mit echten Profis zu tun hast. Ist dem Studio völlig egal, wie alt du bist oder was deine Eltern dazu sagen, dann solltest du auch auf der Hut sein!

DAS LIEBE GELD

Der 12-jährige Marco hat alles, was er braucht. Seine Mutter gibt ihm jeden Tag ein bisschen Geld für die Pause mit, und wenn er sich ein Spiel für seine Playstation kaufen möchte, bekommt er den entsprechenden Betrag auch mal von der Oma in die Hand gedrückt. »Du brauchst kein Taschengeld«, sagen seine Eltern, »wenn du etwas willst, komm einfach zu uns.« Langsam wurmt es Marco, dass er kein eigenes Geld hat.

Hat Marco einen Anspruch auf Taschengeld? Rein rechtlich gesehen nicht, denn es steht nirgends, dass Jugendliche eigenes Geld bekommen müssen und schon gar nicht wie viel. Doch es ist wichtig, bereits lange vor der Volljährigkeit Erfahrungen zu sammeln. Irgendwann wirst du dein eigenes Geld verdienen und es dir einteilen müssen, damit du Essen und Miete bezahlen kannst. Regelmäßiges Taschengeld, das die meisten Kinder und Jugendlichen erhalten, hat genau diesen Sinn: Du lernst, dir einen Geldbetrag einzuteilen, dir zu überlegen, was du davon kaufen willst oder ob du lieber einen Teil zurücklegst, um auf etwas Größeres zu sparen. Vom Taschengeld sollten keine notwendigen Ausgaben wie Schulhefte und Kleidung bezahlt werden müssen.

Wenn dir deine Eltern nicht ausdrücklich sagen, dass das Geld ausschließlich für etwas Bestimmtes ausgegeben werden darf, kannst du davon alles kaufen, was du möchtest. Du musst allerdings genug Erspartes auf einmal zusammenbringen, um dir deinen Wunsch zu erfüllen. Vereinbarst du Ratenzahlungen mit dem Händler, können deine Eltern das Gekaufte wieder zurückbringen. Du darfst dir natürlich auch nichts kaufen, was für Jugendliche verboten ist, z. B. Waffen.

Aber es kommt natürlich auch darauf an, wie die finanzielle Situation bei euch zu Hause ist. Frag doch mal deine gleichaltrigen Freunde, wie das Taschengeld bei ihnen geregelt ist!

Folgende Angaben können dir als Orientierung dienen, wenn du das Gefühl hast, zu wenig Taschengeld zu bekommen:

Taschengeldempfehlung der Jugendämter:

10–12 Jahre: 10 Euro monatlich

13–15 Jahre: 20 Euro monatlich

16–17 Jahre: 30–40 Euro monatlich

MUSS ICH DEN GESCHIRRSPÜLER AUSRÄUMEN?

Wie ist es eigentlich mit der Hilfe im Haushalt? Bist du dazu verpflichtet und kannst du erwarten, dafür ein bisschen finanzielle Anerkennung zu bekommen?

Grundsätzlich musst du natürlich im Haushalt oder Garten helfen oder ab und zu auf deine kleinen Geschwister aufpassen. Denn erstens ist eine Familie eine Gemeinschaft und in jeder Gruppe müssen alle mithelfen.

Und zweitens lernt man dabei auch ganz nebenbei einiges, was man später sicher brauchen kann. Das sind vielleicht banale Dinge, aber du wirst im Leben vermutlich noch viele Kartoffeln schälen und Klos putzen müssen – wie peinlich, wenn dich später mal ein WG-Mitbewohner oder Freunde dabei erwischen, dass du noch nie einen Schäler oder eine Klobürste in der Hand gehabt hast.

Die Hilfe im Haushalt muss aber angemessen sein. Sie darf dich nicht überfordern oder dir die komplette Freizeit stehlen – du musst immer noch genug Zeit haben, um Freunde zu treffen und etwas zu unternehmen!

Geld verlangen kannst du für deine Hausarbeit übrigens nicht – die anderen Familienmitglieder verdienen beim Abspülen auch nichts. Aber natürlich kannst du mit deinen Eltern vereinbaren, dass du für besondere und nicht alltägliche Arbeiten etwas Geld bekommst, beispielsweise wenn die Garage gestrichen werden muss.

WENN DIE ELTERN SICH NICHT MEHR LIEB HABEN

Der Vater des 14-jährigen Max ist vor einem Jahr ausgezogen. Er wohnt nun in einer Stadt, die eine Stunde entfernt liegt. Max' kleine Schwester Alina hängt sehr an der Mama und ist erleichtert, weil jetzt nicht mehr so viel gestritten wird. Aber Max vermisst seinen Vater, den er jetzt nur noch jedes zweite Wochenende sieht. Max' Mutter hat ihm erzählt, in ein paar Wochen sei die Verhandlung über die Ehescheidung und Max müsse dann sagen, dass er bei ihr wohnen bleiben will. Max möchte eigentlich lieber bei seinem Vater wohnen, aber er traut sich nicht, seiner Mutter davon zu erzählen.

Dass Eltern sich scheiden lassen, ist heute nichts Seltenes mehr. Pro Jahr gibt es in Deutschland, Österreich und der Schweiz rund 200 000 Minderjährige, deren Eltern sich scheiden lassen! Kinder und Jugendliche, die nur mit einem Elternteil aufwachsen, sind schon lange keine Außenseiter mehr. Ebenso wenig ist es heute ein Tabu, in einer so genannten »Patchworkfamilie« zusammenzuleben – einer Familie, die sich gemeinsam mit dem neuen Partner oder der neuen Partnerin von Mutter und Vater, Stief- und Halbgeschwistern gebildet hat.

Wenn deine Eltern sich getrennt und die Scheidung eingereicht haben, stehst du also nicht alleine da. Sicher kennst du auch ein paar Klassenkameraden, mit denen du darüber reden kannst. Das tut gut, denn gerade in der Phase nach der Trennung und bevor alle Einzelheiten über das Sorgerecht geregelt sind, geht es zwischen Mutter und Vater nicht immer fair zu.

Es gibt vor allem zwei Bereiche, die dich betreffen und die deine Eltern miteinander vereinbaren müssen, wenn sie sich trennen. Das eine ist das Sorgerecht, damit ist die Frage gemeint, wer wichtige Entscheidungen fällen darf, die dich betreffen: Nur die Mutter, nur der Vater oder beide miteinander, was immer öfter vorkommt.

Wenn das gemeinsame Sorgerecht vereinbart wird, müssen deine Eltern sich weiterhin einigen, falls es z. B. darum geht, ob du die Schule wechselst oder operiert wirst. Hat nur einer von beiden das Sorgerecht, kann er alle Entscheidungen treffen, ohne den anderen Elternteil zu fragen.

Beim gemeinsamen Sorgerecht hast du automatisch auch das Recht, den Elternteil regelmäßig zu sehen, bei dem du nicht lebst. Ansonsten wird das Umgangsrecht spätestens vor Gericht genau geregelt. Du hast in jedem

Fall ein Recht darauf, deinen Vater oder deine Mutter weiterhin zu sehen!

Es kann natürlich sein, dass deine Eltern in diesem Punkt überhaupt nicht auf einen Nenner kommen oder auch, dass sie sich einig sind, du aber ganz andere Vorstellungen hast. Grundsätzlich werden Kinder vom Richter gefragt, wo sie lieber leben möchten.

Max aus unserem Beispiel ist schon 14 und hat damit ein echtes Mitspracherecht, das bedeutet, er kann Einspruch gegen den Vorschlag seiner Eltern einlegen, wer das Sorgerecht bekommen soll – und der Richter wird sich daraufhin ganz genau ansehen, was das Beste für ihn ist. Du solltest dir in Ruhe überlegen, wo du leben willst, denn dabei spielen viele Aspekte eine Rolle: Wer wird mehr Zeit für dich haben? Mit wem kommst du besser klar? Musst du deine Freunde zurücklassen und wegziehen?

Ganz sicher ist, dass deine Eltern dich nicht unter Druck setzen dürfen, so wie das bei der Mutter von Max der Fall ist. Es ist nämlich nicht immer einfach, zu entscheiden, bei wem man lieber leben möchte – am liebsten wahrscheinlich bei beiden. Gerade deshalb ist es sehr wichtig, dass deine Eltern nicht versuchen dich gegen den jeweils anderen auszuspielen.

> **TIPP:** Wenn du bei der Scheidung deiner Eltern Hilfe brauchst, wende dich an das Jugendamt in deinem Ort oder Landkreis, das dir beratend zur Seite stehen kann – und zwar kostenlos und ohne dass deine Eltern davon erfahren!

Wer sind eigentlich meine Eltern?

Eine ganz besondere Form der Familie ist die Adoptivfamilie. Wenn du adoptiert worden bist, bist du rechtlich gesehen mit deinen leiblichen Eltern nicht mehr verwandt. Deine Adoptiveltern haben alle Rechte und Pflichten übernommen, daran ändert sich auch nichts, wenn du später deine leiblichen Eltern kennen lernen solltest. Du hast allerdings Anspruch darauf, von deiner Herkunft zu erfahren.

DAS GLÄSERNE KIND

Die 15-jährige Melanie kann es nicht fassen. Dass jeder Brief an sie bereits geöffnet daliegt, wenn sie heimkommt, kennt sie nicht anders. Jetzt hat sie ihre Mutter aber auch noch dabei erwischt, wie sie in ihren Schubladen wühlte. Angeblich hat sie nur sauber gemacht, doch Melanie weiß, dass das nicht stimmt. Sie ist sauer – schließlich ist sie ein eigenständiger Mensch, der das Recht auf eine Intimsphäre hat, auch wenn sie noch nicht volljährig ist. Oder etwa nicht?

Je älter du wirst, desto mehr Recht auf Intimsphäre hast du: Wenn du niemanden mehr brauchst, der dir beim Waschen hilft, darfst du die Badezimmertür abschließen. Und wie für jeden Menschen gilt auch für deine Eltern das Postgeheimnis: Du kannst Briefe schreiben und bekommen, die keiner im Haus liest außer dir.

Dass auch Melanies persönliche Sachen in ihrem Zimmer tabu sind, liegt auf der Hand. Der einzige Grund, warum ihre Eltern in ihre Intimsphäre eingreifen dürften und sogar müssten, wäre, wenn sie sich konkret Sorgen um sie machen würden: Bekommt sie dubiose Briefe von Leuten, die sie ausnutzen wollen? Hat sie Kontakt zur Drogenszene? Oder wenn du dich einsperrst: Hast du dich verletzt und brauchst ärztliche Hilfe, willst es aber nicht zeigen, weil du dir bei einer unerlaubten Sache wehgetan hast? In solchen Fällen wäre es unverantwortlich von deinen Eltern, Hinweise zu ignorieren – sie haben die Pflicht, dich zu schützen. In allen anderen Fällen gilt: Nase raus aus deinen persönlichen Sachen!

AUCH ELTERN DÜRFEN NICHT ALLES

Wenn gutes Zureden nicht mehr hilft, greifen viele Eltern zu Bestrafungen. Wie weit sie dabei gehen, hängt aber nicht nur davon ab, wie unvernünftig und provozierend du vielleicht gewesen bist. Es hängt auch sehr von der Einstellung deiner Eltern ab und davon, ob sie mit der Erziehung aus irgendwelchen Gründen überfordert sind. Hausarrest oder Taschengeldentzug sind häufige Maßnahmen. Du darfst nicht ins Kino oder du bekommst einen Monat lang nur das halbe Geld. Bei diesen Maßnahmen dürfen deine Eltern nicht übertreiben, grundsätzlich sind sie jedoch erlaubt. Seit 2002 ist aber jede Art von Gewalt in der Erziehung in Deutschland verboten! Im Gesetz heißt es: *»Kinder haben ein Recht auf gewaltfreie Erziehung. Körperliche Bestrafungen, seelische Verletzungen und andere entwürdigende Maßnahmen sind unzulässig.«*

Was bedeutet das für deine Eltern?
> Deine Eltern dürfen keine körperliche Gewalt anwenden, das heißt, dich nicht schlagen oder dir auf an-

dere Art und Weise wehtun, wenn sie etwas durchsetzen möchten.

> Deine Eltern dürfen dich auch nicht seelisch herabsetzen. Jeder Mensch hat Schwächen. Dich – vielleicht noch vor Außenstehenden – übel zu beschimpfen oder zu behandeln, ist absolut nicht in Ordnung!

> Auch entwürdigende Maßnahmen sind in der Erziehung nicht erlaubt. Dazu gehört das Einsperren, z. B. in einen dunklen Keller.

Was bedeutet das für dich?

> Wenn deine Eltern sich nicht an diese Grundsätze halten, bist du im Recht. Verlieren deine Eltern mal die Beherrschung und es rutscht ihnen die Hand aus, sollten sie sich danach bei dir entschuldigen.

> In manchen Familien kommt es häufiger zu Gewalt, meistens weil sich die Eltern überfordert fühlen oder sie sich in bestimmten Situationen nicht mehr unter Kontrolle haben, z. B. wenn sie betrunken sind. Kommt so etwas öfter vor, solltet ihr zusammen zu einer Erziehungsberatungsstelle gehen.

> Wenn du das Gefühl hast, dass du akut Hilfe oder Schutz brauchst, wende dich ans Jugendamt oder an die Polizei.

A: In Österreich ist Gewalt in der Erziehung bereits seit 1989 verboten, hier gilt also dasselbe wie in Deutschland!

CH: In der Schweiz gibt es kein ausdrückliches Verbot von (leichter) Gewalt in der Erziehung innerhalb der Familie. Körperverletzungen und sexuelle Gewalt sind natürlich auch in der Schweiz Straftaten und werden besonders streng behandelt und verfolgt, wenn sie an Kindern verübt worden sind.

ICH HALT ES NICHT MEHR AUS!

Irgendwann fängt jeder an, über den Auszug aus dem Elternhaus nachzudenken. Für die einen ist es einfach nur ein Traum, sie fühlen sich endlich erwachsen. Für die anderen ist es die Flucht vor einem Alptraum, der Zuhause heißt.

Das Ausziehen an sich ist – solange du minderjährig bist – nicht so einfach. Immerhin können deine Eltern deinen Aufenthalt bestimmen, und wenn sie nicht wollen, dass du ausziehst, darfst du das nicht gegen ihren Willen tun. Im Ernstfall würde dich sogar die Polizei nach Hause zurückbringen.

Wenn du volljährig bist, darfst du zwar selbst bestimmen, wo du wohnst. Du kannst aber nicht von deinen Eltern verlangen, dass sie deine Miete und deinen Unterhalt zahlen, wenn bei ihnen zu Hause noch ein geräumiges Zimmer für dich da ist. Um Unterhalt einklagen zu können, müsstest du triftige Gründe haben, z. B. dass du in einer anderen Stadt einen Studienplatz gefunden hast, dass deine Eltern deinen Freund oder deine Freundin nicht akzeptieren oder dass ihr völlig zerstritten seid.

Wenn du es aber zu Hause wirklich nicht mehr aushältst, weil z. B. deine Eltern gewalttätig sind, du sexuell missbraucht worden bist oder sich deine Eltern überhaupt nicht um dich kümmern, dann ist es völlig egal, wie alt du bist: Du solltest dir Hilfe holen. Wenn du dich ans Jugendamt wendest, wird für dich ein so genannter »Hilfeplan« erstellt, der Maßnahmen zu deiner Unterstützung regelt.

Beispiele für Jugendhilfemaßnahmen:

> Inobhutnahme: *In einer Krisensituation kannst du dich ans Jugendamt wenden, das dich aufnehmen muss. Damit hast du erst mal ein Dach über dem Kopf und ein Bett, außerdem helfen dir Pädagogen zu entscheiden, wie es weitergehen soll.*

> Vollzeitpflege: *Du lebst vorübergehend oder auf Dauer in einer Pflegefamilie. Deine Eltern haben zwar meist weiter das Sorgerecht, deinen Alltag verbringst du aber in einer anderen Familie. Das können Verwandte oder Bekannte sein oder eine fremde Familie, die das Jugendamt für dich ausgesucht hat.*

> Heimerziehung, sonstige betreute Wohnform: *Du lebst in einem Heim oder einer Wohngemeinschaft, die von Fachkräften betreut wird. Es gibt Regeln, an die man sich innerhalb der Gruppe halten muss. Die Gruppen sind meist familiär gegliedert, sodass du dein eigenes Zimmer hast und ihr in einer gemeinsamen Küche zusammen esst.*

All diese Maßnahmen können, müssen aber nicht auf Dauer (also bis zu deiner Volljährigkeit) ergriffen werden. Wenn sich in deiner Familie etwas zum Positiven wendet, kannst du sofort wieder nach Hause. Sobald du in einer Jugendhilfemaßnahme bist, wird regelmäßig geprüft, wie deine aktuelle Situation und die deiner Familie ist, um deine Zukunft gemeinsam weiter zu planen.

AUCH WENN'S SCHWER FÄLLT, DAS GEHEIMNIS WIRD GELÜFTET

Seit Jennys Vater vor zwei Jahren seinen Job verloren hat, trinkt er ständig und ist schlecht gelaunt. Die 14-Jährige hat jetzt oft Angst vor ihrem Vater, weil er immer öfter ausrastet und sie und ihre Mutter schlägt. Jenny kann schlecht einschlafen, solange er noch wach ist, und schläft stattdessen in der Schule fast ein. Wenn sie blaue Flecken hat, trägt sie langärmelige Klamotten.

Den wenigsten Leuten macht es Spaß, ihre Familiensorgen vor anderen breitzutreten, am wenigsten vor irgendwelchen Behörden oder vor der Polizei. Viele Jugendliche behalten deshalb für sich, wie es bei ihnen zu Hause zugeht. Sie fallen jedoch oft auf verschiedenste Art auf, weil sie dem Druck, dem sie ausgesetzt sind, nicht standhalten können. Manche werden – so wie Jenny – schlecht in der Schule, andere treiben sich herum, wollen nicht mehr nach Hause oder lassen ihre Aggression an Unbeteiligten raus. Das alles kann auf Dauer keine Lösung sein.

Wenn du ähnliche Probleme hast, dann vertraue dich unbedingt jemandem außerhalb der Familie an, von dem du weißt, dass er dich versteht und dass er dichthält. Das kann eine Freundin oder ein Freund sein, aber auch ein Lehrer, dein Fußballtrainer oder deine Tante. Wenn du ganz sichergehen willst, dass deine Eltern nichts erfahren, wende dich an einen Arzt oder Priester – sie unterliegen der Schweigepflicht, das bedeutet, sie dürfen niemandem weitersagen, was du ihnen erzählst. Oft kann dir ein Außenstehender einen Tipp geben, der dir neue Perspektiven eröffnet.

> **TIPP:** In Deutschland gibt es die so genannte »Nummer gegen Kummer«. Dort kannst du kostenlos und anonym anrufen und dich beraten lassen, und zwar Montag bis Freitag zwischen 15.00 und 19.00 Uhr. Tel.

0800-1110333 (im Internet unter *www. kinderundjugendtelefon.de* zu finden). Außerdem gibt es einen Chat, in dem du deine Sorgen loswerden kannst: *www.bke-sorgenchat.de*.

A: Die österreichische Telefonseelsorge (für Jugendliche und Erwachsene) hat die Nummer 142, im Internet zu finden unter *www.telefonseelsorge.at*.

CH: In der Schweiz gibt es sogar ein 24-Stunden-Telefon für Jugendliche mit der einfachen Nummer 147, im Internet unter *www.147.ch*. Oder du lässt dich online beraten unter *www.tschau.ch*.

Wenn all das nicht mehr hilft und du merkst, dass du es alleine einfach nicht schaffen kannst, wende dich an das für dich zuständige Jugendamt. Das Amt ist verpflichtet, dir Auskunft über deine Rechte zu geben und dir weiterzuhelfen. Nur Mut! Auch die Leute im Amt sind nur Menschen. Solltest du in einer akuten Situation zur Polizei gehen, wird dir auch dort weitergeholfen. Allerdings ist die Polizei verpflichtet der Sache nachzugehen, das heißt, sie würde im Beispiel oben gegen Jennys Vater ermitteln. In einem Strafprozess müsste Jenny aber als Opfer und Zeugin nicht gegen ihn aussagen, weil sie mit ihm verwandt ist.

Achtung: Falls du eine Anzeige gegen jemanden erstattest, ist wichtig, dass das Ganze wirklich Hand und Fuß hat. Hast du die Geschichte erfunden, um dich beispielsweise an jemandem zu rächen, dann bist du dran – falsche Verdächtigungen sind nämlich strafbar (s. S. 111 ff. – Schwerer Ärger)!

HEY, TEACHER
– dein Recht in der Schule

Du verbringst in der Schule einen beträchtlichen Teil des Tages, und deine Mitschüler und Lehrer haben einen großen Einfluss darauf, wie wohl du dich fühlst – wenn du Ärger in der Schule hast, kann dir das dein Leben ganz schön vermiesen. In diesem Kapitel findest du Tipps, was du gegen unfaire Noten, mobbende Klassenkameraden und strafende Lehrer tun kannst.

Übrigens: Schule ist in Deutschland und Österreich Ländersache (in der Schweiz hauptsächlich Sache der Kantone), und die Gesetze sind in jedem Bundesland bzw. Kanton anders. Meist sind in diesem Kapitel allgemeine Grundsätze aufgeführt.

DAS IST NICHT FAIR!

Als es Zeugnisse gibt, fällt Christiane aus allen Wolken. Sie hat in Englisch nur 9 Punkte bekommen, obwohl sie in den Arbeiten immer mindestens 11 geschrieben hat und im Mündlichen gar nicht so schlecht ist. Vielleicht liegt es daran, dass ihr Lehrer – mit dem sie sich nicht gut versteht – Wert darauf legt, im Unterricht britisches Englisch zu sprechen, Christiane aber Verwandte in Amerika hat und sich das amerikanische Englisch nicht abgewöhnen will? Ihre beste Freundin ist empört und rät ihr: »An deiner Stelle würde ich mich sofort beim Schulleiter beschweren! So eine Ungerechtigkeit brauchst du wirklich nicht zu akzeptieren!«

Lehrer, mit denen du nicht klarkommst oder deren Unterrichtsstil dir nicht liegt, gibt es immer und oft kann dir so etwas das interessanteste Fach verderben. Problematisch wird es dann, wenn – so wie bei Christiane – die Noten in Mitleidenschaft gezogen werden. Obwohl Lehrer einen Ermessensspielraum haben, also nach ihrer eigenen Einschätzung über die Note entscheiden können, dürfen sie dir nicht einfach eine Beurteilung geben, die du nicht verdient hast. Wenn du mit einem Lehrer Schwierigkeiten hast oder das Gefühl, dass er dir eine ungerechte Note gegeben hat, dann kannst du Folgendes tun:

> Sprich erst mal mit dem Lehrer selbst, am besten unter vier Augen (oder, falls du dich alleine nicht traust, zusammen mit einem Freund oder einer Freundin), und schildere ihm, was du für ein Problem mit seinem Unterricht hast. Vielleicht ist er überrascht und es stellt sich heraus, dass das Ganze auf einem Missverständnis basiert. Wenn es um deine Note geht, dann bitte ihn, die Note zu begründen. Das muss er tun.

> Weigert er sich oder findest du die Erklärung nicht überzeugend, dann bitte deine Eltern, mit dem Lehrer zu reden.

> Hilft das nichts, dann könntest du dich zusammen mit deinen Eltern an die Schulleitung wenden. Im Extremfall kann der Rektor entscheiden, dass zum Vergleich ein anderer Lehrer deine umstrittene Arbeit noch einmal korrigiert.

Es ist sehr schwer, zu beweisen, ob du tatsächlich schlechter benotet oder behandelt wirst als andere Schüler. Erzähl auf jeden Fall deinen Eltern von dem Problem, sie könnten es bei einem Gespräch mit dem Lehrer vorsichtig zur Sprache bringen.

> **TIPP:** Finde heraus, welche Eigenheiten dein Lehrer hat, worauf er Wert legt und worauf weniger. Wie kann man bei ihm punkten? Wogegen ist er »allergisch«? Frag einfach Schüler aus anderen Klassen, die in den vorhergehenden Jahren schon mal bei ihm Unterricht hatten.

WELCHE »ORDNUNGSMASSNAHMEN« MUSST DU AKZEPTIEREN?

Der 13-jährige Maik albert gerne herum; wo er ist, da gibt es immer viel zu lachen. Neulich hat er die Zeichnung eines nackten Mädchens an die Tafel gemalt – seine Deutschlehrerin war so wütend, dass sie ihm eine Strafarbeit gegeben hat: Maik musste nach dem Unterricht in der Schule bleiben und dreihundert Mal schreiben: »Ich werde keine unanständigen Zeichnungen mehr machen.« Er ist sauer, weil er dadurch sein Fußballtraining verpasst hat.

Strafarbeiten sind nur erlaubt, wenn sie tatsächlich dazu dienen, dass du etwas lernst oder einsiehst (also eine »pädagogische Maßnahme« sind). Einfach nur einen Satz dreihundertmal schreiben zu müssen hilft dabei nicht besonders, deshalb könnte Maik diese Strafarbeit zu Recht ablehnen. Auch nachsitzen lassen dürfen Lehrer nicht immer – zulässig ist es nur, wenn du in dieser Zeit tatsächlich das, was du im Unterricht verpasst hast, nacharbeiten sollst, weil du z. B. zu spät gekommen bist. Erlaubt ist dagegen, wenn eine Schule dir, nachdem du Mist gebaut hast, soziale Aufgaben überträgt, z. B. Verschmutzungen zu beseitigen oder Beschädigungen zu reparieren.

Verboten sind körperliche Strafen. Deine Großeltern

können vielleicht noch davon erzählen, dass sie als Kinder mit einem Stock geschlagen worden sind – wenn so etwas in deiner Klasse vorkommt, solltest du sofort Alarm schlagen! Das ist Körperverletzung und kann den Lehrer seinen Job kosten.

Eine ganze Klasse für die Tat Einzelner zu bestrafen (»Kollektivstrafe«) ist nicht zulässig. Aber wenn die ganze Klasse etwas verbockt, z. B. gemeinsam ohne Erlaubnis die sechste Stunde geschwänzt hat, kann natürlich die ganze Klasse zum Nachholen dieser Stunde an einem Nachmittag in die Schule »gebeten« werden.

Auch überlasten dürfen die Lehrer euch nicht. Zwei Arbeiten (Proben) in einer Woche sind maximal erlaubt. Allerdings können zusätzlich Stegreifarbeiten angesetzt werden – außer an einem Tag, an dem schon eine Arbeit geschrieben worden ist. Wenn du das Gefühl hast, dass euch extrem viele Hausaufgaben aufgegeben werden, dann solltest du mit deinen Eltern darüber sprechen (die wiederum mit der Elternvertretung reden können). Zwei Stunden pro Tag sollten es höchstens sein, in der Oberstufe drei.

Rauchen, Küssen, heiße Klamotten und Handys auf dem Schulgelände

In Hessen, Berlin, Bremen und Hamburg herrscht schon jetzt per Gesetz ein völliges Rauchverbot an Schulen (das auch für Lehrer gilt, schließlich sind sie Vorbilder).

Rauchen an der Schule ist also out. Aber was ist z. B. mit Küssen? Darf der Direktor verbieten, dass du dich in der Pause bei den Schließfächern mit deinem Freund oder deiner Freundin triffst und ihr einander zeigt, wie verliebt ihr seid? Theoretisch nicht. Außer ihr geht so weit, dass es schon fast ein Vorspiel ist – das mitzukriegen ist für andere Schüler peinlich, also an der Schule unerwünscht. Sex in der Öffentlichkeit, also an einem Ort, wo andere es sehen könnten, ist übrigens ganz allgemein eine Ordnungswidrigkeit, kann also mit Geldbuße bestraft werden!

Dein Styling dagegen – z. B. Miniröcke oder bauchfreie Tops – darf dir nicht verboten werden, weil laut Grundgesetz jeder ein Recht auf freie Entfaltung seiner Persönlichkeit hat (s. auch S. 8 – Immer diese Eltern). Eingeschränkt wird dieses Recht nur, wenn es die Rechte anderer verletzt oder gegen die guten Sitten verstößt – wenn du z. B. im Bikini zur Schule kommst und sich deine Mitschüler deswegen gar nicht mehr konzentrieren können ... Wo genau bei der Kleidung diese Grenze liegt, haben die Gerichte noch nicht abschließend entschieden.

Auch ein Handy in die Schule mitzunehmen ist aufgrund der Persönlichkeitsrechte erlaubt, die Schule kann nur verlangen, dass es während der Unterrichtszeit ausgeschaltet ist.

A: *Eigentlich darf dir niemand verbieten, in der Schule ein Piercing zu tragen. Aber wegen des hohen Unfallrisikos ist es in Österreich gesetzlich vorgeschrieben, dass Piercings im Sportunterricht entfernt werden müssen.*

FRISCH AUS DEM INTERNET ...

Stefan, 14, soll als Hausaufgabe einen Aufsatz über das Thema »Klimawandel und was das für die Natur bedeutet« schreiben. Als er im Internet herumsurft, entdeckt er durch Zufall eine Hausarbeit mit genau diesem Thema. Wie praktisch! Er kopiert sich viele Absätze einfach heraus und übernimmt sie. Seine Lehrerin ist sowieso nie im Internet, die wird das nicht merken, denkt er.

Wenn man wortwörtlich etwas aus einem anderen Dokument – z. B. einem Buch, einer Zeitschrift oder von einer Internet-Seite – übernimmt, muss man es »zitieren«, das heißt in Anführungszeichen setzen und die Quelle nennen, also den Autor und den Buchtitel bzw. die Internet-Seite, auf der man es gefunden hat. Wenn man das Material als eigene Worte ausgibt, nennt man das »Plagiat« oder »geistigen Diebstahl«. Stefan bekommt großen Ärger, wenn seine Aktion auffliegt, er riskiert null Punkte (bzw. die schlechteste Note) und einen Verweis. Wenn noch einmal etwas Ähnliches passiert, kann ihn der Autor des Originaltextes auf Schadenersatz verklagen. Besser ist also, Informationen aus dem Internet richtig zu zitieren oder nur als Hintergrundmaterial zu verwenden.

Achtung: Im Internet kursiert eine Menge Mist. Vieles, was dort als Fakten dargestellt wird, stimmt gar nicht. Sei kritisch, achte darauf, wie seriös die Quelle ist (große Zeitungen und anerkannte Organisationen sind okay), und prüfe alle Informationen mehrfach.

GEWALT UND MOBBING

Kevin hat jeden Tag Angst, in die Schule zu gehen. Das liegt an Tobias und seiner Gang. Tobias ist schon 16, sieht gut aus und macht in seiner Freizeit Kickboxen; alle finden, dass er supercool ist. Er hat sich schon öfter Geld von Kevin geliehen und es nicht wieder zurückgegeben. Als Kevin sich mal getraut und gefragt hat, wann er es zurückbekommt, hat Tobias' Gang ihn verprügelt.

Besonders dann, wenn man neu in einer Schule, anders als die anderen oder ein bisschen schüchtern ist, kann es passieren, dass andere beginnen einen zu tyrannisieren. Das kann einem das Leben zur Hölle machen, besonders dann, wenn man sich nicht zu wehren weiß. Viele Jugendliche trauen sich nicht einmal, jemandem davon zu erzählen, weil sie sich schämen, nicht »petzen« wollen oder Angst vor den Tätern haben. Falls dir so etwas passiert, dann solltest du es unbedingt deinen Eltern (oder jemand anderem, dem du vertraust) sagen! Jemanden zu verprügeln ist Körperverletzung, dafür könnten Kevin und seine Eltern Tobias bei der Polizei anzeigen. Geld von dir zu erzwingen oder dir Gegenstände wie Handy oder Jacke abzunehmen ist Erpressung und Raub. Für solche Straftaten können die Täter mit einer Jugendstrafe rechnen – mit 16 Jahren sind Tobias und seine Gang schon strafmündig (s. S. 111 ff. – Schwerer Ärger).

Unter »Mobbing« versteht man meistens eher seelische Grausamkeit – sie ist nicht weniger schlimm als körperliche Gewalt, wenn auch nicht so leicht nachzuweisen und zu bestrafen. Mobbing ist z. B., wenn deine Mitschüler dich oft mit gehässigen Bemerkungen quälen, dich wie Luft behandeln und dir schaden, wo immer sie können (z. B. indem sie dir wichtige Informationen verweigern). Mobbing-Opfer werden immer mehr zu Außenseitern und leiden schon beim Gedanken daran, in die Schule zu gehen.

Wenn Lehrer sich danebenbenehmen ...

Genauso schlimm ist es, wenn Lehrer oder Lehrerinnen ihre Macht ausnutzen und Schüler mit verletzenden Bemerkungen über ihre Figur, Intelligenz oder Herkunft quälen. Das ist nicht erlaubt und gilt als Beleidigung, für die der Lehrer abgemahnt werden kann. Wenn du in eine solche Situation kommst, dann schreib dir auf, was der Lehrer gesagt hat, und lass es dir von Mitschülern, die es gehört haben, als Zeugen bestätigen. Mit diesen Beweisen könntest du gemeinsam mit deinen Eltern den Lehrer zur Rede stellen. Wenn das nichts hilft, solltet ihr euch mit einer Beschwerde an die Schulleitung wenden. Umgekehrt kannst natürlich auch du Ärger kriegen, wenn du einen Lehrer beschimpfst. Er kann dich wegen Beleidigung anzeigen (wirklich unangenehm wird das, wenn du schon öfter wegen ähnlicher Dinge aufgefallen bist).

Großen Ärger bekommen Lehrer auch, wenn sie sich mit einem Schüler auf eine Liebesbeziehung einlassen oder sie anfassen, also sexuell belästigen. Beides gilt als Missbrauch von Schutzbefohlenen, weil Lehrer eine besondere Verantwortung gegenüber Jugendlichen haben. (Mehr darüber ab S. 100 – Liebe Sünde.)

Einfache Lösungen für Mobbing von Mitschülern gibt es leider keine. Nur selten bringt es etwas, mit Mobbing-Tätern über das zu reden, was sie tun. Auch sich an die Eltern der Täter zu wenden, hilft oft nicht weiter. Aber du musst die Schikanen trotzdem nicht still erdulden – es gibt ein paar Dinge, die du tun kannst:

> Wenn es einzelne Schüler sind, die alle terrorisieren und vor denen alle Angst haben, dann könnten sich eure Eltern darüber austauschen und gemeinsam bei der Schulleitung beschweren. Wenn ein Schüler sich schon mehrmals schlimm danebenbenommen hat, gibt es ein Disziplinarverfahren gegen ihn, er kann an eine andere Schule verwiesen werden.

> Such dir Verbündete in der Schule und überleg dir ein paar pfiffige Antworten auf häufige Sticheleien, um sofort kontern zu können. Falls du dich das nicht traust, übe dich im Ignorieren der Mobber.

> Das Schlimme an Mobbing ist, dass es das Selbstbewusstsein zerstört und man anfängt die Schuld bei sich selbst zu suchen. Erinnere dich ganz bewusst an schwierige Dinge, die du alleine geschafft hast. Dann lernst du langsam wieder an deine eigenen Stärken zu glauben.

> Um zu beweisen, dass man dich mobbt, solltest du ein spezielles Mobbing-Tagebuch führen und darin protokollieren, was geschieht. Außerdem solltest du dir Zeugen suchen. Wenn du genug Beweise hast (oder auch schon vorher), erzähl dem Klassensprecher, deinen Eltern oder dem Vertrauenslehrer an deiner Schule von deinen Problemen und frag sie um Rat.

> Wenn du das Gefühl hast, dass jemand aus deiner Klasse gemobbt oder von anderen gequält wird, dann solltest du nicht wegschauen. Versuch auf das Opfer zuzugehen – es ist für ihn oder sie ein Trost, dass jemand zu ihm oder ihr hält. Frag einen Lehrer, dem du vertraust, ob man das Thema mal im Unterricht ansprechen könnte.

Nähere Infos bekommst du z. B. unter *www.schuelermobbing.de* oder bei der Online-Beratung für Kinder und Jugendliche *www.kijuchat.de*.

EINMAL ZU OFT GESCHWÄNZT

Schule findet der 14-jährige Daniel langweilig, deshalb hat er schon ein paarmal geschwänzt. Neulich wollte er sich morgens mit einem Freund im Internetcafé treffen und hat dafür wie immer eine Entschuldigung seiner Eltern und ein Attest vom Arzt gefälscht. Doch diesmal hat seine Klassenlehrerin Verdacht geschöpft und bei seinen Eltern angerufen. Jetzt ist daheim die Hölle los.

Bis zu deinem 18. Lebensjahr gilt die Schulpflicht, du musst in die Schule gehen (oder, falls du eine Lehre machen möchtest, nach neun bis zehn Jahren Schule zur Berufsschule).

Wenn Daniel weiterhin oft schwänzt, können die Lehrer möglicherweise seine Leistungen nicht beurteilen, er bekommt in manchen Fächern die schlechteste Note (ungenügend) und riskiert sitzen zu bleiben. Außerdem wird er vermutlich von der Polizei abgeholt und in die Schule gebracht. Hätten seine Eltern ihn absichtlich daheim behalten, weil sie von öffentlichen Schulen nichts halten, dann müssten sie eine Geldstrafe zahlen.

Richtig Ärger wird Daniel bekommen, weil er das Attest und die Unterschrift seiner Eltern nachgemacht hat. Das ist Urkundenfälschung und genauso strafbar wie eine Eintritts- oder Fahrkarte zu fälschen und zu benutzen. Wenn Daniel Glück hat, kommt er mit einer Verwarnung davon. Hat er schon mehrmals Mist gebaut, fliegt er möglicherweise von der Schule.

Übrigens: Du hast ein Recht auf eine deinen Fähigkeiten und Wünschen angemessene Schul- und Ausbildung. Auch wenn das deinen Eltern z. B. nicht passt, weil du im Geschäft mithelfen sollst oder sie die höhere Schule für überflüssig halten. (Mehr darüber ab S. 70 – Money, Money, Money.)

DER STAAT UND DU
– von der Demo bis zum Zivildienst

Was geht mich der Staat an?, denkst du jetzt vielleicht. Eine ganze Menge, wenn man bedenkt, dass du ihm jeden Tag begegnest: Der Staat finanziert die Straßen, auf denen du in die Schule fährst, er bezahlt auch die Lehrer, die dich unterrichten. Der Staat macht dir im Bundestag, den Landtagen und den kommunalen Parlamenten Vorschriften, an die du dich halten musst. Seine Richter verurteilen dich, falls du etwas angestellt hast, oder sie sprechen die Scheidung aus, wenn deine Eltern nicht mehr zusammenbleiben wollen.

Der Staat ist also etwas sehr Wichtiges – er wird aus dem Geld aller bezahlt, um dafür zu sorgen, dass in so großen Gemeinschaften wie Deutschland, Österreich oder der Schweiz nicht das Chaos herrscht. Dass das alles nicht so perfekt funktioniert, wie man es sich am Anfang ausgedacht hat, ist menschlich. Aber unser etwas schwerfälliger demokratischer Rechtsstaat ist allemal besser, als wenn du in einer Diktatur leben würdest, in der du eingesperrt und gefoltert wirst, wenn du deine Meinung sagst.

WAHLMÜDE, SCHON BEVOR'S RICHTIG LOSGEHT?

Viele Menschen sind heutzutage an der »großen Politik« nicht mehr interessiert, weil sie das Gefühl haben, dass die Politiker ohnehin machen, was sie wollen. Besonders junge Leute fragen sich oft, was die großen Worte sollen, wenn sie am Schluss doch ohne Ausbildungsplatz dastehen oder die Gesellschaft nicht sozialer oder umweltbewusster zu werden scheint.

Aber: Stell dir vor, es ist Wahl und keiner geht hin! Die Demokratie ist etwas, das man nicht einfach aufgeben sollte. Es lohnt sich, darüber wenigstens ein bisschen Bescheid zu wissen.

In Deutschland kannst du folgende Parlamente direkt wählen, und zwar alle vier bis fünf Jahre:
- Europaparlament
- Deutscher Bundestag
- Landtag deines Bundeslandes
- Kreistag deines Landkreises
- Stadt- oder Gemeinderat

Um mitwählen zu dürfen muss man normalerweise mindestens 18 Jahre alt und deutscher Staatsbürger sein sowie seit mindestens drei Monaten in Deutschland wohnen. Aber es gibt auch Ausnahmen! Bei der Europawahl und bei den Kommunalwahlen – also den Wahlen zum Kreistag, Stadt- oder Gemeinderat – dürfen alle EU-Bürger mitwählen. Und bei den Kommunalwahlen darf man in einigen Bundesländern (Mecklenburg-Vorpommern, Niedersachsen, Nordrhein-Westfalen, Sachsen-Anhalt und Schleswig-Holstein) inzwischen schon mit 16 wählen. Es gibt Initiativen, das Wahlalter auch in anderen Bundesländern zu senken.

Gerade die Kommunalwahl kann sehr spannend sein – vielleicht kennst du sogar einige der Kandidaten persönlich: deinen Lehrer, die Mutter eines Klassenkameraden oder den Bäcker, bei dem du immer einkaufst. Außerdem kannst du die Auswirkungen dessen, was die Politiker entscheiden, in deiner Stadt oder Gemeinde viel leichter erkennen als in der Bundespolitik.

Wenn dich ein Thema interessiert, geh doch mal als Zuhörer in die Sitzung des Stadt- oder Gemeinderates!

Gewählt werden kann man ab 18, in manchen Bundesländern erst ab 21. Wichtigere Ämter wie etwa den Bürgermeisterposten kann man normalerweise erst ab 25 wahrnehmen. Manche Personen können auch gar nicht direkt gewählt werden, z. B. wird der Bundeskanzler vom Bundestag gewählt (über den aber ja wiederum das Volk mitentschieden hat). Seine Minister sucht sich der Kanzler selbst aus.

Um in der Politik aktiv zu werden, kannst du beispielsweise einer Partei beitreten, die du gut findest. Lass dir aber erst deren Programm zuschicken und schau nach, ob du dich damit identifizieren kannst! Für die Mitgliedschaft in einer Partei wird häufig ein Mindestalter von 16 Jahren angesetzt. Ab 14 kann man dann oft schon der Jugendorganisation der Partei beitreten. Solange du minderjährig bist, müssen deine Eltern damit einverstanden sein.

A: In Österreich ist in einigen Bundesländern wie in Deutschland das Wahlalter bei den Kommunalwahlen auf 16 gesenkt worden.

CH: In der Schweiz wird die Diskussion um die Senkung des Stimmrechtsalters von der Kinderlobby Schweiz vorangetrieben. Weitere Informationen dazu siehe unter *www.stimmrechtalter0.ch*.

Jugendparlamente

In immer mehr Städten gibt es Kinder- und Jugendparlamente! Diese sind ungefähr so organisiert wie der Stadtrat der »Großen«, das heißt, es gibt Wahlen und Sitzungen, bei denen Themen, die Kinder und Jugendliche angehen, diskutiert werden. Bei Entscheidungen im Stadtrat, die euch betreffen, könnt ihr einen Vertreter eures Parlaments hinschicken, der eure Ansicht zu der Sache vorträgt. Frag doch mal bei deiner Stadt nach, ob es dort schon ein Kinder- und Jugendparlament gibt! Oder informiere dich unter www.kinderparlamente.de, www.du-hast-die-wahl.at (Wien-spezifische Seite) oder www.dsj.ch.

MAKE LOVE, NOT WAR!

Der 15-jährige Sascha und seine Klassenkameraden werden nächstes Jahr mit der Hauptschule fertig. Mit Ausbildungsplätzen sieht es in ihrer Stadt schlecht aus. Sascha schlägt vor, eine Demo zu veranstalten mit einer Abschlusskundgebung auf dem Rathausplatz. Aber reicht es dafür aus, ein paar Plakate zu kleben und sich ein Megafon zu besorgen, oder muss man da noch etwas beachten?

In einer Demokratie hat jeder das Recht, seine Meinung zu äußern, vorausgesetzt sie verstößt nicht gegen Grundrechte anderer. Sascha darf also nicht dazu aufrufen, den Boss eines Konzerns zu verprügeln, nur weil der keine Lehrlinge einstellt. Er kann aber z. B. Leserbriefe an die örtlichen Zeitungen schicken oder eine Petition an den Stadtrat, den Landtag oder den Bundestag verfassen. Darin könnte er um die Behandlung des Themas bitten bzw. sich über den Missstand in seiner Stadt beschweren. Er kann auch Unterschriften sammeln und die Listen bei der dafür zuständigen Stelle einreichen. Und Sascha darf – selbst als Minderjähriger – eine Demonstration organisieren.

Wenn du eine Demo veranstalten willst, ruf beim Ordnungsamt an und vereinbare einen Termin, bei dem ihr durchsprecht, wie die Demonstration ablaufen soll (wann und wo sie stattfinden kann und welches Thema sie haben wird, welchen Weg der Demozug nehmen soll, wie viel Teilnehmer ihr erwartet usw.). Damit kann man viele Missverständnisse und Unannehmlichkeiten vermeiden!

Pro ca. 50 geschätzte Teilnehmer muss ein volljähriger Ordner die Demo begleiten. Ihr müsst ihnen weiße Armbinden basteln, auf denen »Ordner« steht. Falls ihr eine Abschlusskundgebung veranstalten wollt, könnt ihr diese zusammen mit der Demo anmelden. Die Polizei wird die Demonstration begleiten, damit die Straßen für den Verkehr gesperrt sind und sich keine Unruhestifter zwischen die Demonstranten mischen. Jetzt musst du nur noch dafür sorgen, dass möglichst viele von der Veranstaltung erfahren und daran teilnehmen.

VON MULTIKULTIS UND RELIGIONSMISCHLINGEN

Alexandra ist 13 und nicht getauft, als ihre Mutter sich der Kirche zuwendet. Die Mutter möchte, dass Alexandra sich taufen lässt, aber die kann mit Religion nichts anfangen. Muss sie sich dem Willen ihrer Mutter beugen, weil sie noch minderjährig ist?

Die Religion ist ein Bereich, in dem du schon sehr früh mitbestimmen darfst. Ab zehn musst du angehört werden, wenn deine Eltern dein Bekenntnis ändern möchten. Ab zwölf darfst du nicht mehr gegen deinen Willen dazu gezwungen werden, eine andere Religion anzunehmen als die, in der du aufgewachsen bist. Ab 14 darfst du dich sogar schon selbst für ein anderes Bekenntnis entscheiden bzw. aus der Kirche austreten. Vielleicht sind deine Eltern davon nicht begeistert, aber rein rechtlich haben sie ab diesem Alter keinen Einfluss mehr auf dein religiöses Bekenntnis. Alexandras Mutter kann ihre Tochter, weil sie schon 13 ist, also nicht dazu zwingen, in die Kirche einzutreten.

Ein bisschen komplizierter ist es mit der Staatsangehörigkeit, falls nicht beide Eltern Deutsche sind. Wenn z. B. nur einer deiner Eltern einen deutschen Pass besitzt, hast du normalerweise beide Staatsangehörigkeiten und musst dich mit 18 entscheiden, welche der beiden du annehmen willst. Sind deine Eltern beide Ausländer, bist auch du für den Gesetzgeber »Ausländer«, selbst wenn du in Deutschland aufgewachsen bist. Mit 16 hast du ein Recht auf Einbürgerung, falls du eine Aufenthaltserlaubnis hast und mindestens acht Jahre in Deutschland gelebt hast. Wenn deine Eltern für sich einen Antrag auf Einbürgerung stellen, kannst du automatisch mit eingebürgert werden.

Erst seit dem Jahr 2000 ist jedes in Deutschland geborene Kind automatisch Deutscher (eventuell zusätzlich zur ausländischen Staatsangehörigkeit seiner Eltern). Für die Kinder, die in den zehn Jahren davor geboren wurden, konnten die Eltern innerhalb eines Jahres die deutsche Staatsbürgerschaft beantragen.

A: In Österreich muss man grundsätzlich zehn Jahre warten, bis man österreichischer Staatsbürger werden darf. Das gilt für Kinder genauso wie für Erwachsene.

CH: Schweizer dürfen erst mit 16 über ihre Religion entscheiden. Bund, Kanton und Gemeinde müssen zustimmen, wenn ein Ausländer Schweizer werden will. Das kann ziemlich teuer werden. Manche Kantone bieten aber schon eine erleichterte Einbürgerung für junge Ausländer an. Weitere Infos dazu unter *www.bfm.admin.ch*.

WAFFEN PUTZEN ODER NACHTTÖPFE SCHRUBBEN?

Felix wird demnächst 18 und macht gerade eine Ausbildung. Er hofft, dass er erst eingezogen wird, wenn er die Ausbildung abgeschlossen hat. Außerdem will er auf keinen Fall zur Bundeswehr. Muss er jetzt schon was unternehmen, um zu verweigern, obwohl er noch nicht mal gemustert worden ist?

In dem Jahr, in dem du 18 wirst, wird dir ein Fragebogen des Kreiswehrersatzamtes ins Haus flattern, in dem es mehr über deinen Gesundheitszustand und den Stand deiner Schul-/Berufsausbildung herausfinden möchte. Es ist deine Pflicht, Wehr- oder Ersatzdienst abzuleisten, wenn du männlich und deutscher Staatsbürger bist. Eine Verweigerung von sowohl Wehr- als auch Zivildienst gilt als Straftat. Viele junge Männer werden aber ausgemustert, weil sie aus gesundheitlichen Gründen nicht tauglich sind.

Was du wissen solltest:
> Der Wehrdienst dauert momentan in Deutschland neun Monate, der Zivildienst zehn Monate.
> Wenn du ehrenamtlich mindestens sechs Jahre im Zivil- oder Katastrophenschutz (z. B. Rotes Kreuz) gearbeitet hast, musst du anschließend keinen Wehr- oder Zivildienst mehr ableisten.

> Wenn du gerade mitten in der (Erst-)Ausbildung steckst, wirst du zurückgestellt bis nach Beendigung der Lehre.

> Wenn du schon mit der Ausbildung fertig bist und dein Arbeitgeber mehr als fünf Leute beschäftigt, muss er dir deinen Arbeitsplatz bis nach Beendigung des Wehr- oder Ersatzdienstes erhalten, falls du einen unbefristeten Arbeitsvertrag mit ihm hast.

> Als Mädchen wirst du nicht zum Wehr- oder Ersatzdienst eingezogen, du kannst dich aber freiwillig zur Bundeswehr melden.

A: In Österreich dauert der Wehrdienst acht, der Zivildienst zwölf Monate. Man kann bereits im Alter von 17 Jahren eingezogen werden.
Infos unter: *www.bundesheer.at* bzw. auf der Internetseite *www.bmi.gv.at/zivildienst*.

CH: In der Schweiz dauert die Grundausbildung zwar nur 18 bis 21 Wochen, dafür muss jeder Schweizer aber auch danach jedes Jahr drei Wochen lang zu Wehrübungen erscheinen. Um Zivildienst abzuleisten, muss man nicht nur einen Antrag stellen, sondern auch zu einer mündlichen Anhörung erscheinen. Der Ersatzdienst dauert im Normalfall anderthalbmal so lange wie der Militärdienst und kann in kürzeren Abschnitten über mehrere Jahre abgeleistet werden, einer davon muss aber mindestens ein halbes Jahr lang sein.
Infos unter: *www.zivil-dienst.ch* und *www.zivildienst.ch*.

Folgendes musst du beachten, wenn du den Wehrdienst verweigern willst:

> Du musst einen Antrag stellen, den du mit dem Grundrecht der Kriegsdienstverweigerung begründest,

das bedeutet, dass du aus Gewissensgründen nicht zur Bundeswehr gehst. Infos dazu gibt es unter: *www.zivildienst.de* oder auf der Homepage *www.verweigerungsministerium.de*.

> Diesen Antrag kannst du sechs Monate vor deinem 18. Geburtstag stellen oder auch erst direkt vor der Musterung.

Freiwilliges soziales/ökologisches Jahr

Das FSJ/FÖJ gilt als Bildungsjahr, das meistens zwischen Schule und Ausbildung eingeschoben wird. Es dauert zwischen sechs Monaten und einem Jahr und kann von jedem angetreten werden, der zwischen 16 und 27 Jahre alt ist. Man bekommt zwar keinen Lohn, aber meistens ein Taschengeld, vielleicht auch freie Unterkunft und Verpflegung. Das FSJ/FÖJ wird wie Wehr- und Zivildienst bei der Vergabe von Studienplätzen angerechnet!

ONLINE OHNE FOLGEN
– Computer und Handy

Rund um Internet und Handy gibt es viel zu beachten, denn in diesen Bereichen tummeln sich viele Abzocker, die es auf dein Geld abgesehen haben oder dir schaden wollen. In diesem Kapitel findest du wichtige Infos, wie du eine unfreiwillige Mega-Telefonrechnung vermeidest, was es zum Thema Urheberrecht zu beachten gibt und was du riskierst, wenn Virenbasteln dein Hobby ist oder du dich als Hacker betätigst.

WIE IST DAS EIGENTLICH MIT DEN HANDYS?

Die meisten Eltern schenken ihren Kindern das erste Handy, wenn diese etwa zehn Jahre alt sind – das hat für sie ja auch Vorteile, weil du sie jederzeit erreichen kannst und sie dich, sodass sie sich weniger Sorgen machen müssen. Du kannst aber auch ohne Erlaubnis deiner Eltern ein Prepaid-Handy kaufen, wenn du älter als sieben Jahre bist und das Gerät von deinem Taschengeld bezahlst.

Prepaid-Handys sind unproblematisch, weil du nur deine Guthaben-Karten abtelefonieren kannst und nicht in Gefahr gerätst, Schulden zu machen. Ein Handy mit Vertrag dagegen kannst du nur mit Zustimmung deiner Eltern kaufen. Bei diesem Handytyp bezahlst du eine Grundgebühr und erhältst einmal im Monat eine Rechnung. Gerade wenn du viele SMS verschickst, kommt schnell ein hoher Betrag zusammen. Zwar versprechen die Telefongesellschaften billige Tarife, doch oft sind die

Bedingungen in Wirklichkeit gar nicht so günstig. Wenn du dir ein Handy mit Vertrag zulegen willst, dann frag vorher unbedingt bei deinen Freunden herum, mit welchem Anbieter sie gute Erfahrungen gemacht haben. Und geh zusammen mit deinen Eltern das berüchtigte »Kleingedruckte« durch, auch wenn's nervig ist.

> **TIPP:** Wenn du ein Handy bekommen hast, schreib dir gleich die Gerätenummer auf (du findest sie unter dem Akku oder auf dem Kaufvertrag). Du brauchst sie, falls dein Handy einmal verloren geht oder es gestohlen worden ist. In diesen Fällen solltest du dein Gerät so schnell wie möglich sperren lassen (dafür genügt ein Anruf bei deinem Telefonanbieter) bzw. bei der Polizei als gestohlen melden.

WAS TUN, WENN'S BEIM TELEFONIEREN RICHTIG TEUER WIRD?

Wenn der 16-jährige Leon einen Song gut findet, bestellt er sich den Klingelton per SMS und bezahlt ihn von seinem Taschengeld. Doch diesmal hat er ohne es zu wollen ein Abo erwischt – den Hinweis darauf hat er im »Kleingedruckten« übersehen. Zum Glück hat er nur ein Prepaid-Handy, sodass keine gigantische Rechnung auflaufen kann. Doch benutzen kann er das Handy jetzt nicht mehr. Das Abo ist so teuer, dass jedes Mal, wenn er das Telefon einschaltet, in Sekundenschnelle sein Guthaben weg ist.

Leon hat eine Premium-SMS benutzt – mit dieser Methode kann man alles Mögliche bestellen, z. B. Bildchen und

Spiele fürs Handy. Die Preise können vom Anbieter frei festgelegt werden und betragen bis zu fünf Euro pro SMS – bei Abos, auf die nicht immer deutlich hingewiesen wird, fallen diese Kosten dann regelmäßig an! Abgerechnet wird über die Telefonrechnung oder das Guthaben. Leon sollte das Abo sofort kündigen und der Rechnung widersprechen (s. u.). Was viele nicht wissen: Wenn ein Jugendlicher ein solches Abo nicht von seinem Taschengeld bezahlen kann, entsteht kein gültiger Vertrag mit dem Klingelton-Anbieter – die Eltern können die Gebühren von dem Anbieter zurückfordern.

Sehr teuer kann es werden, wenn man eine Werbe-SMS bekommt und, gelockt von angeblichen Gewinnen, zurückruft. Dieser Anruf geht meist über eine Nummer, die in Deutschland mit 0137, 0190 oder 0900 (in Österreich mit 093 und in der Schweiz mit 090) beginnt – das sind kostenpflichtige Verbindungen, die im schlimmsten Fall mehrere Euro pro Minute kosten können. Besonders gemein: Wer zurückruft, der hängt eine Weile in der Warteschleife (das bringt für die Betreiber zusätzliches Geld ...) und stellt dann fest, dass er in Wirklichkeit doch nichts gewonnen hat. Wenn du eine solche Werbung bekommst oder eine andere Mitteilung mit verdächtiger Rückrufnummer, dann lösch sie einfach.

Wer auf eine dieser Werbe-SMS reingefallen ist oder wie Leon ungewollt ein Abo erwischt hat, sollte der Handy-Rechnung widersprechen und dem Mobilfunkanbieter in einem Brief (per Einschreiben/Rückschein schicken) genau begründen, warum man die Gebühr nicht bezahlen will. Am besten mit Beweisen, z. B. der gespeicherten SMS mit Datum und Uhrzeit. Den Anteil der Telefonrechnung, der korrekt ist, sollte man unbedingt bezahlen, sonst könnte der Handyanschluss gesperrt werden. Weitere Infos findest du im Internet unter *www.klingeltonhilfe.de*.

> **TIPP:** Wenn du vermeiden willst, immer mehr SMS-Werbung zu bekommen, dann solltest du an keinen Gewinnspielen per SMS teilnehmen – sie dienen vor allem dazu, deine Handynummer abzugreifen und weiterzuverteilen, und die Chancen auf einen Gewinn sind bescheiden. Gib deine Nummer nur deinen Freunden und möglichst wenigen Unternehmen.

ACHTUNG, DIALER! SICHERHEIT IM INTERNET

Die 12-jährige Lisa hat gerade erst einen eigenen E-Mail-Account bekommen. Sie wundert sich, wie viele komische Werbemails in ihrem Postfach einlaufen. Die meisten löscht sie gleich, eine hat sie aber neugierig aufgemacht. Bald darauf kommt das dicke Ende, eine Telefonrechnung von 500 Euro! Anscheinend hat sich Lisa beim Surfen einen »Dialer« eingefangen. Ihre Eltern sind wütend, dass Lisa nicht besser aufgepasst hat.

Eigentlich dienen Dialer (kleine Einwahlprogramme) zur bequemen Abrechnung von kostenpflichtigen Internet-Inhalten – wenn man auf solchen Seiten surfen möchte, wählt man sich über eine spezielle Nummer ein und bezahlt die Gebühr später mit der Telefonrechnung. Dem Gesetz nach dürfen Dialer nur eingesetzt werden, wenn der Betreiber einen über die Kosten informiert und man ausdrücklich zugestimmt hat. Doch in der Realität werden Dialer leider sehr oft von Abzockern missbraucht.

Häufig installieren sich Dialer wie in Lisas Fall heimlich und ungewollt auf deinem Rechner. Wenn man sie sich eingefangen hat, wird man jedes Mal über eine teure kostenpflichtige Nummer (mehrere Euro pro Minute, zum Teil über eine Auslandsnummer oder Satellit!) mit dem Internet verbunden statt über seinen eigentlichen Anbieter. Gewöhnlich merkt man das erst Wochen später, wenn die Telefonrechnung kommt.

In Lisas Fall wird die Sache wahrscheinlich glimpflich ausgehen. Da der Computer ohne ihr Wissen infiziert worden ist, werden ihre Eltern die Kosten nicht bezahlen müssen. Allerdings sollten sie nun sofort schriftlich gegen die überhöhte Rechnung protestieren, Beweise sichern, herausfinden, ob der Dialer registriert war, und möglicherweise sogar Anzeige erstatten. Bis die Sache vom Tisch ist, wird es noch eine ganze Weile dauern.

Wenn du Ärger mit Dialern oder Premium-SMS hast, kannst du dich auch von den Verbraucherzentralen *(www.verbraucherzentrale.com)* beraten lassen, das ist meist kostenlos. Speziell zum Thema Dialer kannst du dich unter *www.dialerschutz.de* informieren.

Was du gegen Dialer tun kannst:

> Auf zwielichtigen Websites (wo es z. B. um Hacking oder Sex geht) ist die Gefahr, sich einen Dialer zu holen, besonders groß. Aber auch Hausaufgabenbörsen sind zum großen Teil verseucht. Am besten, du gehst gar nicht erst auf solche Seiten.

> Lade keine fremden Programme aus dem Internet herunter. Klicke nie auf »OK«, wenn sich irgendwelche Dialogfenster öffnen, die du nicht ausgewählt hast, und dir z. B. anbieten deine Verbindung zu optimieren.

> Es gibt mehrere Möglichkeiten, sich gegen Dialer zu schützen – z. B. mit Software und indem man bei seinem Telefonanbieter die kostenpflichtigen Nummern sperren lässt. Aber einen völligen Schutz bietet das nicht. Vorsichtiges Surfen ist sicherer!

CH: In der Schweiz ist die Verwendung von PC-Dialern in Verbindung mit 090-Nummern verboten. Leider schützt das nicht gegen Abzocker aus anderen Ländern. Nützlicher Link: *www.cybercrime.admin.ch*.

Wahrscheinlich hast du, wenn du eine eigene E-Mail-Adresse hast, so wie Lisa schon jede Menge »Spams« (unerwünschte E-Mails) bekommen; das lässt sich leider nicht ganz verhindern und nur durch einen Spam-Filter deines Mailprogramms etwas eindämmen. Spams zu öffnen bringt nichts und schadet nur, weil sie oft mit Viren verseucht sind oder unseriöse Angebote enthalten. Und zurückschreiben sollte man auf gar keinen Fall – das bestätigt dem Versender nur, dass die Mail angekommen ist. Wenn du antwortest, wirst du mehr Spams bekommen denn je.

Solche Werbemails zu versenden ist übrigens verboten. Wenn du selbst einen Newsletter verschicken möchtest, dann müssen die Empfänger dem zugestimmt haben, z. B. über einen Bestell-Button auf deiner Homepage.

HACKING – EIN RISKANTES VERGNÜGEN

Paul, 15, ist ein Computerfreak. Er schreibt schon lange seine eigenen Programme und fachsimpelt in mehreren Newsgroups mit anderen Fans. Mit einem Freund zusam-

men hat er auch schon den Mail-Account seiner Mathelehrerin geknackt und ihre Nachrichten gelesen. Am spannendsten aber war es, als er mit einem Viren-Bastel-Programm einen eigenen Virus zusammengebaut und ins Internet losgelassen hat.

Jugendliche gehören häufig zu den Urhebern von Computerviren und -würmern. Die wenigsten wissen, was sie damit riskieren; als Dummejungenstreich geht das nicht mehr durch, da diese Programme großen Schaden anrichten. Die Methoden der Fahnder, solche Schädlinge zu ihren Urhebern zurückzuverfolgen, werden immer besser. Auch bei Paul steht kurze Zeit später die Polizei mit einem Hausdurchsuchungsbefehl vor der Tür. Sein Computer und sämtliche Speicher-CDs werden als Beweismittel beschlagnahmt. Da sein Virus einige Unternehmen eine Zeit lang lahm gelegt hat, kommen auf Paul unter Umständen Schadenersatzforderungen in Millionenhöhe zu. Außerdem wird er sicher wegen Computersabotage vor den Jugendrichter kommen (s. S. 111 ff. – Schwerer Ärger). »Computersabotage« ist z. B., wenn man Viren, Würmer und Trojaner freisetzt, aber auch, wenn man gegen eine Website »Denial of Service«-Attacken startet, um sie lahm zu legen, oder etwas anderes tut, was die Computeranlagen von Unternehmen oder Behörden stört.

Bei alldem fällt es kaum noch ins Gewicht, dass seine Lehrerin stinksauer auf Paul ist – er hat sich verplappert und sie hat rausgefunden, dass er ihre Post gelesen hat. Anzeigen wird sie ihn deswegen sicher nicht. Aber rechtlich gesehen ist das, was Paul getan hat, »Ausspähen von Daten« und damit eine Straftat. Gedacht ist dieses Gesetz gegen Hacker, die in das passwortgeschützte System einer

Firma eindringen und sich dort umschauen. Beschädigen oder verändern sie dort Daten, dann machen sie sich außerdem der »Datenveränderung« schuldig.

WIE FUNKTIONIERT DAS MIT DEM URHEBERRECHT?

In Annas Klasse weiß jeder, dass der 15-jährige Fabian immer die neusten CDs, DVDs und Programme im Angebot hat. Er knackt den Kopierschutz und verkauft sie für zwei Euro pro Stück. Anna hat gehört, dass er auch »Catch me if you can« mit Leo DiCaprio hat. Den hat sie im Kino verpasst. Bevor sie Fabian danach fragen kann, erzählt ihr aber eine ihrer Freundinnen, dass solche Raubkopien eigentlich strafbar sind. Anna ist unsicher. Wieso soll das verboten sein? Ihre Freundinnen kopieren sich ständig irgendwelche CDs, stehen sie alle mit einem Bein im Knast?

Das Urheberrecht wird immer wieder geändert, weil die verschiedenen Interessengruppen erbittert darüber streiten. Zurzeit gelten folgende Regelungen: Kopieren darfst du eine CD oder DVD nur, wenn sie das Original ist (und nicht schon selbst eine Kopie) und keinen Kopierschutz hat. Den Schutz zu knacken ist verboten. Erlaubt sind Vervielfältigungen nur für den privaten Gebrauch (bis zu sieben Kopien für Familie oder Freunde). Fabian jedoch verkauft die Scheiben, betreibt das Kopieren also gewerbsmäßig; damit macht er sich strafbar. Er würde, wenn seine Geschäfte aufflögen, vor den Jugendrichter kommen (s. S. 111 ff. – Schwerer Ärger). Bei Software gibt es übrigens keine erlaubten Privatkopien, das heißt, jede nicht gekaufte Software ist illegal.

Ebenso verboten ist, urheberrechtlich geschützte Musik aus dem Internet herunterzuladen und selbst anzubieten, etwa in MP3-Tauschbörsen. Nur dann, wenn z. B. ein Künstler auf seiner Homepage Tracks zum Herunterladen anbietet, weil er für sich werben will, und ausdrücklich erlaubt sie weiterzugeben, kannst du damit anfangen, was du willst (außer natürlich sie verkaufen). Urheberrechtlich geschützt ist übrigens nicht nur Musik, sondern jedes schöpferische Werk, also auch Bücher, Filme und Fotos.

Viele Jugendliche finden das Urheberrecht vor allem lästig. Aber es hat eine wichtige Funktion: Wenn du z. B. eine Kurzgeschichte schreibst, ist sie automatisch geschützt, du hast ein »Copyright« darauf (und das auch ohne ©-Vermerk). Niemand darf sie einfach in der Zeitung abdrucken oder in Kopien an der Schule verteilen, ohne dass du zugestimmt hast (und vielleicht sogar ein Honorar dafür erhältst). Wenn jemand anderes sie als seine eigene Story ausgibt und seinen Namen darübersetzt, dann kommt er in Teufels Küche, falls es auffliegt. Ebenso, wenn er einzelne Teile daraus in einen seiner eigenen Texte einbaut und nicht dazuschreibt, woher sie stammen. Das nennt man »Plagiat« (s. S. 25 ff. – Hey, Teacher).

FALLSTRICKE BEI DER EIGENEN HOMEPAGE

Auch bei deiner Homepage musst du aufpassen, dass du keine Gesetze verletzt. Darauf solltest du achten:

> Wähl als Adresse deiner Website keinen Namen einer bekannten Persönlichkeit (auch wenn du zufällig ge-

nauso heißt) oder Firma. Du musst die Adresse doch nur wieder hergeben und bekommst zusätzlich Ärger wegen »domain-grabbing«.

> Stell kein urheberrechtlich geschütztes fremdes Material auf deine Website (z. B. Bilder, die du im Internet gefunden hast, Musiktracks oder Artikel). Das ist nur erlaubt, wenn der Urheber sich damit einverstanden erklärt hat. Sonst kann es sein, dass du einen bösen Brief von einem Anwalt bekommst mit einer saftigen Schadenersatzforderung und der Aufforderung, das »Objekt« sofort von deiner Seite zu entfernen.

> Du bist gesetzlich dazu verpflichtet, deiner Homepage ein »Impressum« zu geben, in dem dein Name und deine Adresse stehen. Aber aufgepasst: Die Gerichte verlangen, dass das Impressum auch von jeder Unterseite aus erreichbar ist (mit höchstens zwei Klicks). Also setz es am besten als Navigationspunkt auf deine Startseite.

> Zusätzlich gehört ins Impressum oder auf eine Unterseite (namens »rechtliche Hinweise«) ein Haftungsausschluss (der so genannte »Disclaimer«). Er könnte folgendermaßen lauten: »Bei allen auf meiner Homepage angezeigten Links und für alle Inhalte der Seiten, zu denen die Links führen, übernehme ich keine Verantwortung für den Inhalt und erkläre, dass ich keinerlei Einfluss auf die Gestaltung und die Inhalte der verlinkten Seiten habe.« Sonst könntest du Ärger bekommen, wenn man von deiner Linkliste aus über wenige Klicks zu illegalen Inhalten kommt. Am besten ist es aber, wenn du nur solche Seiten verlinkst, die du gut kennst.

> Wenn du private Fotos auf deine Seite stellst, auf denen andere Menschen zu sehen sind, musst du deren Einverständnis einholen. Denn jeder Mensch hat ein »Recht am eigenen Bild«. Andersherum hat dein Klassenkamerad

nicht das Recht, einen peinlichen Schnappschuss von dir auf seine Website zu stellen, wenn du das nicht willst.

> Ärger bekommst du natürlich, wenn du rechtsradikales, pornografisches oder sonstwie anstößiges Material auf deine Homepage stellst. Klar, oder?

GESCHÄFTE IM INTERNET

Jenny ist sauer. Bei eBay hat sie einen fast neuen MP3-Player für 30 Euro ersteigert – im Laden ist er um einiges teurer. Aber als sie das Ding endlich geschickt bekommen hat, stellt sie fest, dass es nicht funktioniert. Sie hat dem Verkäufer eine wütende Mail geschrieben und ihm eine schlechte Bewertung gegeben – aber was ist jetzt mit ihrem Geld? Kann sie den Player zurückgeben? Und was ist, wenn der Typ nie wieder etwas von sich hören lässt?

Mehr als zwei Drittel aller Erwachsenen haben schon mal im Internet eingekauft, Onlineshops machen gute Geschäfte. Oft sind beispielsweise Elektronikprodukte im Netz billiger als im Laden. Normalerweise gibt es bei solchen Einkäufen keine Probleme, wenn du sie von deinem Taschengeld bezahlst oder deine Eltern damit einverstanden sind. Du hast sogar den Vorteil, dass Käufe über Internet »Fernabsatzverträge« sind und es bei ihnen (wie bei Bestellungen per Telefon oder Katalog) ein Widerrufsrecht von zwei Wochen gibt. Du darfst den Kauf also in dieser Zeit rückgängig machen und die Ware zurückschicken. Bei normalen Käufen in einem Laden geht das nicht.

Doch wenn du etwas im Internet ersteigerst oder kaufst, insbesondere etwas Gebrauchtes, stellt sich die

Vertrauensfrage, denn du musst per Vorkasse bezahlen und bekommst dann erst die Ware geschickt. Wird der Verkäufer die Bestellung überhaupt schicken, und falls ja, wird sie so sein wie versprochen? Oder wenn du etwas verkaufst: Wird der Käufer bezahlen oder sich einfach nicht mehr melden, weil er sich's irgendwie anders überlegt hat? Deshalb sollte man keine größeren Geldbeträge für solche Käufe verwenden. Ein Widerrufsrecht gibt es bei Internetauktionen nur, wenn der Verkäufer ein Gewerbetreibender ist; Versteigerungen von privat zu privat sind immer endgültig verbindlich.

Falls du etwas über eBay ersteigerst, dann hast du im Grunde einen ganz normalen Kaufvertrag geschlossen. Wenn du die Ware nicht bekommst, kannst du dem Verkäufer eine Frist setzen, z. B. eine oder zwei Wochen – hat er bis dahin nicht geliefert, muss er dir dein Geld zurückgeben, der Vertrag ist nichtig.

In Jennys Fall war der Verkäufer zum Glück ein Gewerbetreibender. Da er mangelhafte Ware geliefert hat, kann sie vom Kauf zurücktreten, den Player zurückschicken und ihr Geld zurückverlangen. Oder sie fordert den Verkäufer auf, ihr einen anderen, unbeschädigten Player zu schicken – auch das müsste er tun. Da der Verkäufer in seiner Beschreibung bei eBay nicht darauf hingewiesen hat, dass der Player defekt ist, hat er im Grunde sogar eine »arglistige Täuschung« begangen. Wenn dir so etwas passiert, wende dich mit deiner Beschwerde an das eBay-Sicherheitsteam.

Hier noch ein paar Tipps:

> Wähle die Leute, mit denen du Geschäfte machst, gut aus. Vermeide Geschäfte mit schlecht bewerteten Anbietern und eBay-Neulingen.

> Lies dir das Angebot sehr gründlich durch, damit du z. B. nicht auf den miesen Trick reinfällst, nur eine Packung zu ersteigern und nicht das Produkt selbst. Frag nach, ob es ein Originalprodukt ist und aus welcher Quelle es stammt.

> Leiste bei größeren Geldbeträgen grundsätzlich keine Vorkasse. Es gibt erstaunlich viele Onlineshops, die auf Rechnung liefern. Das ist seriös.

> Achte genau darauf, wie viel Versandkosten dir berechnet werden sollen – das kann den scheinbar günstigen Preis ordentlich in die Höhe treiben!

Über weitere Vorsichtsmaßnahmen gegen miese Tricks kannst du dich im Internet z. B. auf der Homepage *www.onlinemarktplatz.de* informieren.

MOBIL OHNE SORGE
– mit Fahrrad, Moped, Öffentlichen unterwegs

Mobil sein heißt Bewegungsfreiheit haben. Wahrscheinlich bist du schon lange mit dem Fahrrad und Inlineskates unterwegs, willst dir vielleicht ein Mofa kaufen und so bald wie möglich den Autoführerschein machen. In diesem Kapitel gibt es Tipps, damit du dir dabei keinen Ärger einhandelst.

Die Straßen können ganz schön gefährlich sein. Daher dürfen Kinder bis zum Alter von acht Jahren nur auf dem Bürgersteig fahren. Zwischen acht und zehn Jahren kann man wählen, ob man den Bürgersteig benutzen möchte, danach muss man auf dem Radweg oder der Straße fahren (immer auf der rechten Straßenseite, in der gleichen Fahrtrichtung wie die Autos). Da man mit der Zeit geübter darin wird, sich auf der Straße zu bewegen, bekommt man ab 15 Schritt für Schritt die Erlaubnis, immer schnellere motorgetriebene Fahrzeuge zu führen.

A: In Österreich darf man erst mit zwölf Jahren ohne Aufsicht mit dem Rad auf öffentlichen Straßen fahren; wenn man eine Prüfung ablegt auch schon mit zehn Jahren.

CH: In der Schweiz darf man mit Eintritt in die Volksschule mit dem Rad auf öffentlichen Straßen fahren, sofern das Velo eine straßentaugliche Ausrüstung besitzt.

Sobald du dich auf Radweg oder Straße bewegst, gilt für dich wie für alle anderen die Straßenverkehrsordnung – sie regelt, wie sich Autos, Fahrräder und Passanten verhalten müssen und wer z. B. wann Vorfahrt hat. Wer diese Regeln absichtlich oder versehentlich bricht (und dadurch vielleicht sogar einen Unfall verursacht), wird gnadenlos zur Kasse gebeten.

> **Recht haben nützt nicht immer etwas**
>
> *Die Straßenverkehrsordnung empfiehlt, defensiv statt aggressiv zu fahren. Eine Vorfahrt zu erzwingen und einfach loszufahren, obwohl der andere ebenfalls Gas gibt, kann ganz schön danebengehen – du hast zwar Recht gehabt, liegst aber trotzdem im Krankenhaus. Also lieber auf das Recht verzichten als einen Unfall zu riskieren.*

WER ZAHLT?

Die 12-jährige Easy ist im Sommer am liebsten auf Inlineskates unterwegs. Weil sie dabei ein ganz schönes Tempo draufhat und die Gehwege bei gutem Wetter so voll sind, fährt sie auf dem Fahrradweg. Dabei hat sie einen Moment lang nicht aufgepasst und ist gegen einen abbiegenden BMW geknallt. Zum Glück ist Easy nicht verletzt worden, aber das Auto hat einen fetten Kratzer.

Dem Gesetz nach darf man Inlines und Skateboards nur auf dem Gehsteig benutzen und muss dabei auf Passanten Rücksicht nehmen. Im Zweifelsfall muss man sogar in Schrittgeschwindigkeit fahren. Und wenn ein Kind mindestens sieben Jahre alt ist (im Straßenverkehr ist zehn Jahre die »magische Grenze«), ist es für den Schaden, den es anrichtet, grundsätzlich verantwortlich. In diesem

Fall heißt das, Easy muss die Reparatur des BMW bezahlen, die sich wahrscheinlich auf mehrere hundert Euro belaufen wird.

Wenn sie Glück hat, haben ihre Eltern eine Haftpflichtversicherung, die in solchen Fällen einspringt. Hätte Easy den Kratzer absichtlich gemacht, weil sie den Fahrer des BMW nicht ausstehen kann, würde die Versicherung allerdings nichts bezahlen, weil Easy (wie man das im Juristendeutsch nennt) »vorsätzlich« gehandelt hätte.

Richtig schlimm wäre die Sache geworden, falls Easy z. B. versehentlich eine Frau umgefahren und verletzt hätte. Selbst wenn Easy sich entschuldigt, die Frau öfter im Krankenhaus besucht und ihr Blumen gebracht hätte, müsste sie sämtliche Krankenhauskosten und ein Schmerzensgeld zahlen. Wahrscheinlich kämen auch noch der Verdienstausfall der Frau und eine Tagesmutter für ihre Kinder dazu, denn sie könnte vermutlich eine Zeit lang nicht zur Arbeit gehen oder sich um ihre Familie kümmern.

Im Extremfall, wenn man einen großen Schaden verursacht hat und nicht haftpflichtversichert war, hat man noch vor dem Abitur einige hunderttausend Euro Schulden. So ins Leben zu starten ist sehr schlimm. Frag deine Eltern mal, ob sie eine Haftpflichtversicherung haben – wenn nicht, hast du einen guten Tipp für sie!

DAS ERSTE MOFA, DAS ERSTE AUTO

Das sind deine Möglichkeiten:

Ab 15 Jahren	Du darfst (nach einer Prüfung) ein Mofa mit maximal 25 km/h fahren.
Ab 16 Jahren	Du darfst den Moped-Führerschein (Klasse M) erwerben und mit 45 km/h durch die Straßen düsen.

Ab 16 Jahren	Wenn du möchtest, kannst du auch schon den Führerschein Klasse A1 für leichte Motorräder machen (bis 80 km/h).
Ab 17,5 Jahren	Du kannst mit dem Unterricht für den Autoführerschein beginnen.
Ab 18 Jahren	Du darfst den Autoführerschein (Klasse B) und Motorradführerschein Klasse A erwerben.

A: In Österreich darf man schon mit 16,5 Jahren einen Lehrfahrausweis beantragen und mit einem erfahrenen Begleiter und einem »L«-Schild am Auto erste Fahrversuche machen. Wer als Begleiter infrage kommt, ist genau geregelt, darüber solltest du dich vorher informieren.

CH: In der Schweiz darf man schon mit 14 Jahren die Mofaprüfung machen.

Wenn du die Prüfung für den Autoführerschein bestanden hast, bekommst du den – europaweit einheitlichen – Führerschein für zwei Jahre auf Probe (in der Schweiz gibt es diese Regelung ab Dezember 2005 ebenfalls, die Probezeit beträgt drei Jahre). Das soll bewirken, dass du in dieser Anfängerzeit besonders vorsichtig bist. In der Praxis bedeutet das: Wenn du dir während der Probezeit etwas Schwerwiegendes zuschulden kommen lässt, du z. B. über eine rote Ampel gefahren bist oder zweimal einen Bußgeldbescheid über mehr als 40 Euro bekommst, dann flattert dir eine Aufforderung zur Nachschulung ins Haus. Deine Probezeit verlängert sich auf insgesamt vier Jahre. Wenn du zu Unrecht einen Bußgeldbescheid bekommen hast, dann kannst du dagegen innerhalb von zwei Wochen Einspruch einlegen.

A: In Österreich darf man sich während der Probezeit übrigens gar nicht hinters Steuer setzen, wenn man

Alkohol getrunken hat, die Grenze liegt in dieser Zeit bei 0,1 Promille (weitere Promilleangaben s. Tabelle auf S. 64 unter »Alkohol & Straßenverkehr«).

> TIPP: Du musst den Führerschein immer bei dir haben, wenn du fährst, und bei Kontrollen der Polizei vorzeigen können (sonst gibt's ein Verwarnungsgeld). Noch mehr Ärger bekommst du natürlich, wenn der TÜV bei deinem Fahrzeug abgelaufen ist oder den Polizisten etwas an deinem Kraftrad auffällt ...

Recep ist 16 und hat ein eigenes Mofa. Es hat ihn von Anfang an genervt, dass man damit nur so langsam fahren darf. Ein Kumpel hat ihm verraten, wie man es umbauen kann, damit es schneller wird. Das hat Recep auch in ein paar Stunden hingekriegt. Doch dann war auf dem Weg zum Kino auf einmal dieser Streifenwagen hinter ihm, er musste anhalten und die Polizisten haben sich sein Mofa ganz genau angeschaut. Dabei haben sie gemerkt, dass es »frisiert« ist.

Recep muss sein Mofa erst mal hergeben, die Polizei wird es beschlagnahmen. Außerdem droht ihm eine Jugendstrafe: Er ist wegen »Fahren ohne Fahrerlaubnis« dran, weil er für Fahrzeuge mit höherer Geschwindigkeit keinen Führerschein hatte, und wegen »Fahren ohne Versicherungsschutz«, weil ein frisiertes Mofa automatisch nicht mehr versichert ist. Beides sind Straftaten (s. S. 111 ff. – Schwerer Ärger). Außerdem hatte das Mofa keine Zulassung für mehr als 25 km/h.

Hätte Recep mit dem frisierten Mofa einen Unfall

gehabt, würde seine Haftpflichtversicherung nicht zahlen und er hätte den Schaden (leicht mehrere tausend Euro …) selbst übernehmen müssen. Wenn du ein eigenes Motorrad oder Auto kaufst, musst du als Erstes eine Versicherung dafür abschließen und jährlich Beiträge und Steuern für es zahlen. Die Haftpflichtversicherung trägt die Kosten für Schäden, die du im Straßenverkehr an anderen Fahrzeugen verursachst – aber wenn du sie mit Absicht angerichtet hast, zahlt sie erst gar nicht, und falls du keine Fahrerlaubnis hast wie Recep in dem Beispiel, holt sie sich das Geld teilweise von dir wieder. Den Schaden an deinem eigenen Fahrzeug bekommst du übrigens nur ersetzt, wenn du vollkaskoversichert bist.

> **TIPP:** Wenn du ein Fahrzeug kaufst, dann solltest du sicher sein, dass alles mit rechten Dingen zugeht. Auch wenn du das Mofa nicht selbst frisiert, sondern so gekauft hast, macht das bei der Strafe keinen Unterschied. Und stellt sich später sogar heraus, dass das Fahrzeug gestohlen war, wird es beschlagnahmt, ohne dass du dafür entschädigt wirst – du stehst mit leeren Händen da. Informiere dich z. B. beim ADAC (in Österreich ÖAMTC oder ARBÖ, in der Schweiz der TCS), was man vor einem Motorrad- oder Autokauf beachten sollte und was für Formalitäten zu regeln sind.

ALKOHOL & STRASSENVERKEHR

Beim Geburtstag einer seiner Freunde hat der 17-jährige Philipp sieben Alcopops getrunken. Er fühlt sich nicht richtig toll, als er um ein Uhr nachts auf sein Mountainbike steigt, um die zwanzig Minuten nach Hause zu ra-

deln. Aber wie soll er sonst heimkommen? Busse fahren um diese Uhrzeit längst nicht mehr.

Du weißt natürlich, dass man nicht Auto fahren darf, wenn man Alkohol getrunken oder Drogen genommen hat. Fahrer, die nicht klar im Kopf sind, haben ein hohes Unfallrisiko und verletzen oft sich und andere. Fast jedes Wochenende sterben Jugendliche auf der Heimfahrt von der Disko, wenn sie schon einiges intus haben und aufs Gaspedal drücken – auch deshalb sind für Jugendliche zwischen 15 und 21 Jahren Verkehrsunfälle die häufigste Todesursache. Bei einem betrunkenen Fahrer einzusteigen kann lebensgefährlich sein!

Doch viele Jugendliche (und Erwachsene) wissen nicht, dass es ebenfalls nicht erlaubt ist, betrunken Fahrrad zu fahren, denn auch damit gefährdet man andere Menschen auf der Straße. Mit sieben Alcopops hat Philipp mindestens 1,6 Promille und begeht eine Straftat, wenn er mit dem Rad losfährt. Wenn er von einer Polizeistreife erwischt wird, bekommt er eine hohe Strafe aufgebrummt, denn er ist schon 14 und damit strafmündig (s. S. 111 ff. – Schwerer Ärger). Zwar kann er seinen Führerschein nicht verlieren, weil er noch keinen hat, aber dafür wird er eine Zeit lang gesperrt, darf also den Führerschein gar nicht erst machen.

Promille, Promille
Was Alkohol so unberechenbar macht, ist, dass jeder anders darauf reagiert. Das hängt z. B. vom Körpergewicht ab (wer zierlich und dünn ist, ist schneller betrunken), von dem, was man vorher gegessen hat (auf nüchternen

Magen wirkt Alkohol am heftigsten), sogar vom Geschlecht (Mädchen vertragen Alkohol nicht so gut wie Jungen) und wie viel man gewöhnt ist. Deshalb ist die hier beschriebene Wirkung nur ein Durchschnitt. Einen genaueren Promillerechner findest du im Internet unter *www.blutalkohol-homepage.de*.

Promille	Entspricht	Wirkung	Strafe
0—0,29	ca. 1 kleinem Glas Wein (0,1l), einer 0,3 l-Flasche Bier oder 1 Schnaps (4 cl)	kaum spürbar	keine (nur in Österreich gilt während der Probezeit eine Grenze von 0,1 Promille)
0,3–0,49	ca. 1 Glas Wein (0,2 l), Bier (0,5 l) oder 2 Schnäpsen	Du fühlst dich locker und fröhlich hast aber schon verlangsamte Reaktionen und kannst die Situation schlechter einschätzen.	Bestraft wirst du nur dann, wenn du durch eine seltsame Fahrweise aufgefallen bist oder einen Unfall verursacht hast.
0,5-1,09	ca. 2 Bier, 2 Gläsern Wein oder 5 Schnäpsen	Du bist deutlich beschwipst. Das führt dazu, dass du dich überschätzt und ein deutlich schlechteres Reaktionsvermögen hast. Dein Sehvermögen leidet, du bekommst einen »Tunnelblick«.	Hohes Bußgeld (ca. 250–270 Euro) und ein bis drei Monate Fahrverbot. Wenn du durch eine seltsame Fahrweise aufgefallen bist, hast du eine Straftat begangen.
1,1 (bei Fahrradfahrern 1,6 Promille)	3 oder mehr Gläsern Wein bzw. 3 oder mehr Flaschen Bier	Du bist enthemmt und übermütig. Möglicherweise wird dir aber schon schlecht und du musst dich über-	Absolute Fahruntüchtigkeit. Wenn du mit so viel Alkohol im Blut auf der Straße warst, hast du eine Straftat begangen und verlierst

	geben. Weil du berauscht bist, ist deine Fahrweise unberechenbar.	deinen Führerschein für sechs Monate bis fünf Jahre. Um ihn wiederzukommen musst du, wenn du mehrmals auffällig warst oder über 1,6 Promille hattest, vermutlich einen »Idiotentest« bestehen, eine schwere Prüfung, mit der du beweisen musst, dass du überhaupt geeignet bist am Straßenverkehr teilzunehmen.

CH: Auch in der Schweiz gilt seit Januar 2005 wie in Deutschland und Österreich die 0,5-Promillegrenze und die Polizei darf neuerdings Alkoholkontrollen durchführen, auch wenn der Autofahrer nicht besonders auffällig gefahren ist.

Falls du dir im Straßenverkehr etwas zuschulden kommen lässt, bekommst du Punkte im Verkehrszentralregister in Flensburg (einer Art riesiger Sünderkartei). Je mehr Punkte du hast, desto strenger wirst du bestraft, teilweise musst du an Seminaren teilnehmen, bist sozusagen auf »Bewährung«. Bei 18 Strafpunkten ist der Führerschein dann endgültig weg. Auch in Österreich gibt es eine solche Punkteregelung.

Über eine rote Ampel zu fahren kostet dich beispielsweise um die 125 Euro, vier Strafpunkte und einen Monat Fahrverbot, weil du damit dich und andere in große Gefahr bringst. Nicht angeschnallt sein ist im Vergleich dazu mit 30 Euro Verwarnungsgeld richtig günstig, kann dich aber das Leben kosten, weil du bei einem Unfall wie ein Geschoss durch die Windschutzscheibe geschleudert wirst.

Auch sich zu Fuß oder mit dem Fahrrad danebenzubenehmen ist nicht gut für's Taschengeld. Sobald du älter als 14 bist, bittet dich die Polizei zur Kasse, falls sie dich erwischt. Wenn du in der falschen Richtung auf dem Radweg fährst, kostet das 15 Euro, beim Fahrradfahren mit dem Handy zu telefonieren 25 Euro.

CH: In der Schweiz sind die Bußgeldregelungen deutlich strenger als in Deutschland, besonders bei Geschwindigkeitsüberschreitungen!

Denk immer dran: Ein Fahrradfahrer wird leicht übersehen und hat keine »Knautschzone«, die die Wucht eines Unfalls abfängt. Deshalb ist es auch wichtig, dass du beim Radfahren einen Helm trägst.

WAS TUN, WENN'S KRACHT?

Joelle fährt eigentlich ziemlich vorsichtig Moped. Doch an diesem Tag hat sie beim Abbiegen ein geparktes Auto erwischt, die Stoßstange ist ziemlich eingedellt. Niemand hat sie gesehen, aber Joelle weiß, dass es Fahrerflucht ist, jetzt einfach weiterzufahren. Also bleibt sie da. Doch der Besitzer ist nirgends in Sicht, sie kann ihm nicht mitteilen, was passiert ist. Nach zehn Minuten Warten klemmt Joelle einen Zettel mit einer Entschuldigung und ihrer Adresse unter den Scheibenwischer und fährt weiter, sonst würde sie ihr Schwimmtraining verpassen.

Joelle handelt vernünftig, aber es genügt nicht, einen Zettel dazulassen. Im Gesetz steht, dass der Unfallverursacher eine »den Umständen angemessene Zeit« auf den Besitzer des anderen Fahrzeugs warten muss. Die Umstände sind unter anderem die Schwere des Schadens und die Tageszeit. Richtwert ist eine halbe Stunde; die Zeit, die Joelle gewartet hat, reicht also nicht.

Wenn der Besitzer eines Autos nach dieser Mindestzeit noch nicht aufgetaucht ist, sollte man die Polizei rufen oder jemanden bitten, es für einen zu tun.

Grundsätzlich gilt: Wer einen Schaden verursacht oder an einem Unfall beteiligt ist, der muss anhalten, Verletzten helfen und jedem, der geschädigt worden ist, seinen Namen und seine Adresse geben. Wer aufs Gas tritt und abhaut, weil er damit rechnet, dass niemand die Sache beobachtet und sich sein Kennzeichen gemerkt hat, der begeht eine Straftat (s. S. 111 ff. – Schwerer Ärger). Wenn du Fahrerflucht begangen hast, weil du vielleicht in Panik warst und einen »Kurzschluss« hattest, dann solltest du mit deinen Eltern und eventuell einem Anwalt beraten, wie du dich nun am besten verhältst.

So verhältst du dich bei einem Unfall

Sichere die Unfallstelle, damit keine anderen Autos in euch hineinrasen. Stell Warnblinkanlage an und Warndreieck auf – aber sei vorsichtig dabei, damit dich niemand anfährt! Wenn der Schaden gering ist, ist es nicht nötig, die Polizei zu rufen, und ihr solltet die Fahrzeuge aus dem Weg schaffen, während ihr alle Formalitäten erledigt. Bei größerem Schaden oder Verletzten ruf die Polizei und lass die Fahrzeuge stehen, um keine Beweise zu vernichten.

Wenn es Verletzte gegeben hat, dann leiste erste Hilfe und rufe Polizei oder Rettungsdienst (Notruf Deutschland: 110 (Polizei) oder 112 (Feuerwehr); Österreich: 133 oder 144, Schweiz: 117 oder 144) oder bitte jemanden, das zu tun.

Notiere dir Autokennzeichen, Name, Adresse und Versicherung der Beteiligten und gib ihnen selbst deine Daten. Schreib dir die Daten von Zeugen auf. Wenn du eine Kamera oder ein Fotohandy dabeihast, mach Aufnahmen von den Fahrzeugen, sodass man ihre Position sieht, und Nahaufnahmen des Schadens.

Wenn klar war, dass du schuld an dem Unfall warst, melde den Vorfall unbedingt noch am gleichen Tag telefonisch deiner Versicherung.

MIT DEN ÖFFENTLICHEN UNTERWEGS

Der 14-jährige Dominik hat von seinen Eltern das Geld für das U-Bahn-Ticket bekommen, aber auf dem Heimweg sieht er eine Computerzeitschrift, die er unbedingt haben will. Er kauft sie und fährt stattdessen schwarz; schließlich wird nicht oft kontrolliert und es sind sowieso nur ein paar Stationen. Doch er hat Pech – ausgerechnet heute kommen zwei Kontrolleure in Zivil vorbei.

Erwachsene müssen in solchen Fällen ein Bußgeld zahlen (etwa 40–60 Euro), bei Minderjährigen können die Verkehrsbetriebe das jedoch nicht einklagen, wie Gerichte entschieden haben (weil kein gültiger Beförderungsvertrag zustande kommt, da Dominiks Eltern ihm sicher nicht die Genehmigung zum Schwarzfahren erteilt haben). Fährt Dominik noch mal schwarz, sind jedoch seine Eltern dran, weil sie ihre Aufsichtspflicht verletzt haben. Wenn Dominik zum dritten Mal erwischt wird, erstattet die Verkehrsgesellschaft wahrscheinlich Anzeige und er kommt vor ein Jugendgericht. Was viele nicht wissen: Schwarzfahren ist eine Straftat (»Leistungserschleichung«). Manipulierte oder gefälschte Fahrscheine sind Urkundenfälschung und werden ebenso hart bestraft. Noch übler wäre die Sache für Dominik ausgegangen, wenn er den Kontrolleuren einen falschen Namen angegeben und damit unterschrieben hätte – das sind Urkundenfälschung und Betrug. (s. S. 111 ff. – Schwerer Ärger!)

> **TIPP:** Wenn der Fahrkartenautomat kaputt war und du keine Karte kaufen *konntest*, dann notiere dir die Nummer des Automaten (und ruf wenn möglich die Störungsstelle an, deren Nummer auf dem Kasten steht). Damit bist du auf der sicheren Seite, falls du Kontrolleuren begegnest und sie dir nicht glauben wollen.

MONEY, MONEY, MONEY
– alles über Geld, Jobs, Ausbildung

Mit dem Taschengeld kommt man nicht weit. Wer ins Kino und ab und zu in die Disko gehen will, sich Bücher, ein Handy und neue Klamotten leisten möchte, der kommt um einen Neben- oder Ferienjob nicht drum herum. In diesem Kapitel geht's ums Kaufen, Verkaufen und Verdienen – bis hin zur Ausbildung, mit der du später mal deinen Lebensunterhalt sichern wirst.

MIT KLEINEN JOBS DIE KASSE AUFBESSERN

Daniela, 14, will diesmal einen Ferienjob im sozialen Bereich machen und etwas wirklich Sinnvolles tun. Deshalb jobbt sie nicht im Supermarkt wie die meisten in ihrer Klasse, sondern im Altersheim. In ihrem Job muss sie alles Mögliche tun – Mahlzeiten austeilen, Rollstühle schieben, den Aufenthaltsraum wischen. Vor kurzem sollte sie einen alten Mann komplett waschen. Das war ihr zwar unangenehm, aber sie hat es trotzdem getan. Als ihr älterer Bruder Marc davon erfahren hat, ist er ausgeflippt und meinte, das hätten die von ihr nicht verlangen dürfen.

Marc hat Recht. Jugendliche dürfen erst ab 13 arbeiten und – bis sie 15 sind – nur zwei Stunden täglich leichte, ihnen angemessene Arbeiten übernehmen, z. B. Prospekte austragen, Nachhilfe geben, Babysitten, Hunde ausführen, den Rasen mähen oder im Familienbetrieb aushelfen. Was das Heim von Daniela verlangt, ist nicht zumutbar und sogar verboten – sie kann es einfach höflich ablehnen.

Wenn du 15 Jahre oder älter bist, darfst du pro Jahr einen Ferienjob von maximal vier Wochen Dauer annehmen. Allerdings brauchst du dafür die Erlaubnis deiner Eltern und du darfst höchstens 40 Stunden in der Woche arbeiten. Meist bekommst du zwischen sieben und zehn Euro Stundenlohn. Was du zum Thema Steuern und Versicherung beachten musst, findest du ab S. 85 – Rätsel der Erwachsenenwelt.

Wichtig zu wissen ist auch, dass du, sobald du arbeitest, zum Teil für Schäden haftest, die du dabei anrichtest. Zumindest, wenn du »grob fahrlässig« gehandelt hast (s. S. 111 ff. – Schwerer Ärger!).

CH: In der Schweiz sind ab 13 Jahren leichte Arbeiten (maximal zwei Stunden am Tag bzw. neun Stunden pro Woche, nur zwischen sechs und 20 Uhr an Werktagen) erlaubt, während der Schulferien drei Stunden am Tag bzw. 15 Stunden in der Woche. Ab 14 Jahren sind leichte Arbeiten in den Schulferien erlaubt (40 Stunden in der Woche), aber höchstens während der Hälfte von wenigstens drei Wochen dauernden Schulferien. Ab 16 Jahren sind dann auch Arbeiten wie Filmvorführen oder Kellnern am Abend erlaubt.

Bei einem Schönheitswettbewerb in der Disko ist Janine, 15, von einem Fotografen angesprochen worden, der sie fragte, ob sie als Model arbeiten möchte. Klar will sie das! Sie wird immer öfter gebucht, und ihre Eltern sind stolz auf sie. Aber als ein Shooting am Vormittag stattfinden soll, sind sie nicht begeistert. Dafür müsste Janine in der Schule fehlen. Doch der Fotograf sagt: »Dann sollen sie dir eben eine Entschuldigung schreiben und sich nicht so anstellen!«

Seit der Abschaffung der Kinderarbeit (früher mussten schon Achtjährige zehn Stunden lang täglich in Fabriken schuften!) regelt das Jugendarbeitsschutzgesetz ganz genau, wie lange Kinder und Jugendliche arbeiten dürfen.

Mit einer Genehmigung des Gewerbeaufsichtsamts – die man nur mit Zustimmung sowohl der Eltern als auch des Jugendamtes bekommt – dürfen Kinder z. B. in Filmen oder bei Musikaufnahmen mitwirken. Arbeitszeiten, Pausen und Freizeit sind aber genau geregelt. Zwischen drei und sechs Jahren dürfen Kinder nur zwei Stunden täglich drehen, über sechs Jahre höchstens drei Stunden. Bei älteren Jugendlichen sind die Regelungen lockerer, ab 13 dürfen sie auch ohne Genehmigung zwei Stunden täglich bei Dreharbeiten mitwirken, ab 15 sogar acht Stunden (aber nur, wenn kein Unterricht ist!).

All diese Regelungen können natürlich lästig sein, wenn man wie Janine schon gut im Geschäft ist und die Arbeit Spaß macht. Vielleicht drücken Janines Eltern ein Auge zu und lassen sie kurzfristig vom Unterricht befreien, wenn sich ihrer Tochter eine besonders tolle Chance bietet (in Ausnahmefällen ist das möglich). Aber falls so etwas öfter vorkommt, kann der Fotograf ziemlichen Ärger mit den Aufsichtsbehörden bekommen. Deshalb richten sich erfahrene Regisseure und Fotografen genau nach den Jugendarbeitsschutzgesetzen und planen die Aufnahmen so, dass die Jugendlichen problemlos daran teilnehmen können.

Am wichtigsten bleibt aber die Erlaubnis der Eltern; sie

müssen alle Verträge mit unterschreiben. Beide Eltern sollten sich einig sein, wenn sie deinen Plänen zustimmen – falls dein Vater oder deine Mutter sich quer stellt, dann wird aus der Sache nichts.

Deine Honorare kannst du nicht einfach so ausgeben, sie werden erst einmal von deinen Eltern verwaltet (aber im Einvernehmen mit dir). Natürlich dürfen sie das Geld nicht für sich selbst verwenden, schließlich ist es nach wie vor deins!

Dennoch ist bei solchen Talentsuchern Vorsicht geboten, besonders bei großartigen Versprechungen, die zu gut klingen um wahr zu sein (sind sie dann nämlich oft nicht)! Unseriös ist es auch, wenn der Organisator z. B. für Probeaufnahmen Geld von dir verlangt, bevor du überhaupt etwas verdient hast. In Ordnung ist nur eine Erfolgsbeteiligung, also ein Anteil an deinen Honoraren.

KAUFEN UND VERKAUFEN

Sandro, 12, hat sich für 500 Euro ein cooles neues Bike gekauft und das Geld dafür von seinem Sparkonto abgehoben. Seine Eltern sind wütend, als sie von der Sache erfahren. Sie wollen Sandro zwingen, das Bike wieder ins Geschäft zurückzubringen und den Kauf rückgängig zu machen. Aber sein großer Bruder Alex beruhigt ihn: »Das geht gar nicht, gekauft ist gekauft!« Hat er Recht?

Ab sieben Jahren bist du beschränkt geschäftsfähig, du darfst also mit Zustimmung deiner Eltern Dinge kaufen und verkaufen. Und von deinem Taschengeld darfst du kaufen, was du willst (außer Sachen, die für dich gefährlich wären), ohne deine Eltern fragen zu müssen. Doch für alle anderen Käufe und Verträge brauchst du, bis du 18 und unbeschränkt geschäftsfähig bist, die Einwilligung deiner Eltern. Diese Geschäfte sind »schwebend unwirksam«, das heißt, so lange nicht gültig, bis deine Eltern zugestimmt haben. Deshalb können Sandros Eltern nachträglich ihre Zustimmung verweigern und den Bikekauf tatsächlich rückgängig machen. Der Kaufvertrag ist unwirksam, das heißt, der Händler muss Sandro das Geld zurückgeben und bekommt das Fahrrad zurück.

Der Einwand von Sandros Bruder ist aber nicht ganz falsch, wenn es um Verträge zwischen Erwachsenen geht: Ein Recht darauf, etwas zurückzugeben oder umzutauschen, hat man eigentlich nicht. Dass die Rückgabe in den meisten Kaufhäusern innerhalb der ersten Zeit nach dem Kauf trotzdem geht, wenn man das Produkt noch nicht benutzt hat, ist ein Service des jeweiligen Unternehmens. Nur bei »Fernabsatzgeschäften«, also Bestellungen über Telefon, Internet, Katalog o. Ä. hat man das Recht, die Ware innerhalb von zwei Wochen nach Erhalt zurückzugeben, also vom Vertrag zurückzutreten (diese Frist beginnt übrigens erst zu dem Zeitpunkt, in dem dich der Verkäufer über dieses Widerrufsrecht informiert hat). Das gilt auch bei Haustürgeschäften, z. B. wenn du dir daheim ein Zeitschriftenabonnement hast andrehen lassen. Wenn du das Abo gar nicht wirklich willst, kannst du den Auftrag innerhalb der Zwei-Wochen-Frist schriftlich und per Einschreiben widerrufen.

Was aber ist, wenn du etwas gekauft hast und es nach vier Monaten kaputtgeht? Dann hast du Anspruch auf Reparatur oder ein neues Gerät. Durch eine neue gesetzliche Regelung ist der Verkäufer sogar verpflichtet, alle Mängel an dem Gerät, die sich innerhalb von zwei Jahren nach dem Kauf zeigen, zu beseitigen, vorausgesetzt natürlich, sie beruhen auf einem Fehler am Gerät und nicht darauf, dass du es kaputtgemacht hast. Dieses Recht hast du immer, es folgt aus dem Gesetz. Anders ist es bei einer echten »Garantie« des Verkäufers, denn die hat er freiwillig abgegeben und kann sie deshalb auch an Bedingungen knüpfen (wie z. B. die regelmäßige Wartung in seiner Werkstatt).

Tückische Ratenkäufe

Auf den ersten Blick klingt es verführerisch: Du bekommst ein Moped, eine neue Stereoanlage oder eine tolle Reise – und brauchst sie nicht gleich komplett zu bezahlen, sondern nur jeden Monat einen kleinen Betrag zu überweisen. Doch wer sich erst einmal auf so eine Ratenzahlung eingelassen hat, der bereut es schnell. Denn Ratenkäufe sind teurer als bar bezahlte Käufe, weil dafür Zinsen berechnet werden. Für die Stereoanlage zahlst du wahrscheinlich noch, wenn sie schon längst kaputt oder veraltet ist. Leasing ist ähnlich tückisch, weil am Schluss oft noch eine hohe Nachzahlung auf einen zukommt (das so genannte »Restwertrisiko«). Achtung: Wenn du als Minderjähriger ohne die Zustimmung deiner Eltern einen Ratenkauf mit deinem Taschengeld bezahlst, wird der Vertrag erst mit der letzten Zahlung wirksam! Bis dahin können deine Eltern den Vertrag jederzeit rückgängig machen.

TIEF IN DER SCHULDENFALLE

Als Jugendlicher darfst du dein Konto nicht »überziehen«, das heißt, nicht ins Minus rutschen. Geld kannst du vom Girokonto also nur abheben, wenn du vorher etwas eingezahlt hast. Erst wenn du volljährig bist, bekommst du mit Genehmigung der Bank einen »Dispo-Kredit«, darfst also kurzfristig einen bestimmten Betrag von der Bank borgen. Doch das solltest du möglichst vermeiden, denn für diesen Kredit nimmt die Bank von dir hohe Zinsen, du musst also deutlich mehr Geld zurückzahlen, als du dir ursprünglich geborgt hast.

Der 17-jährige Lukas verschickt wahnsinnig gerne Bilder über sein neues Fotohandy und lädt sich Spiele herunter. Außerdem hat er sich ein Mofa gekauft – auf Raten, weil er so viel Bargeld gar nicht hat. Seine Eltern sind im Job eingespannt und haben einfach gesagt »Ja, mach nur«, ohne sich wirklich dafür zu interessieren. Als sie merken, wie viel er tatsächlich ausgibt, hat Lukas schon fast tausend Euro Schulden und bekommt ständig Mahnungen zugeschickt.

Lukas' Probleme sind leider nichts Ungewöhnliches mehr. Zwölf Prozent der 13- bis 24-Jährigen haben laut Bundesverband der Deutschen Inkasso-Unternehmen Schulden – im Durchschnitt rund 1800 Euro. Lukas sollte mit seinen Eltern besprechen, wie er diese Schulden abbauen könnte, und so bald wie möglich zu einer Schuldnerberatungsstelle gehen.

Wenn du eine Rechnung nicht bezahlst, bekommst du von den Unternehmen oder Personen, denen du Geld schuldest (deinen »Gläubigern«), eine Mahnung. Wenn du weiterhin nicht zahlst, kommen in der Regel zwei bis drei weitere Mahnungen – und mit jeder Mahnung kommen Verzugszinsen hinzu. Schließlich läuft die Sache über einen Rechtsanwalt des Gläubigers – die Kosten dafür darfst am Schluss auch du bezahlen.

Du solltest so bald wie möglich, am besten nach der ersten Mahnung, Kontakt zu dem Gläubiger aufnehmen, ihm sagen, dass du nicht zahlen kannst, und fragen, ob er dir den Betrag »stunden« kann (ob du also später oder in kleinen Raten bezahlen darfst). Wenn das nicht klappt und du nach mehreren Mahnungen immer noch nichts bezahlst, kann der Gläubiger einen Vollstreckungsbescheid gegen dich beantragen. Dann kommt ein Gerichtsvollzieher und pfändet deinen Besitz, den du nicht unbedingt zum Leben brauchst, z. B. ein Sparbuch oder die neue Digitalkamera. Gibt es bei dir nichts zu pfänden und hast du noch kein Gehalt, das der Gläubiger teilweise einbehalten kann, müssen deine Eltern (da du noch nicht volljährig bist) für dich eine »eidesstattliche Versicherung« abgeben. Damit versicherst du, dass du kein Geld und keinen Besitz hast, mit dem du deine Schulden begleichen kannst.

Wenn du erst einmal als Schuldner aktenkundig bist – der Eintrag wird erst nach drei Jahren gelöscht oder wenn du alle Forderungen zurückgezahlt hast –, bekommst du automatisch auch einen Eintrag bei der Schufa, der Schutzgemeinschaft für allgemeine Kreditsicherung. Das ist eine Art »schwarze Liste«, die Banken führen, um sich über Kunden zu informieren, die ihre Schulden nicht zurückzahlen. Wenn du erst einmal darauf stehst, bekommst du nur unter größten Schwierigkeiten überhaupt noch mal ein Konto, von einem Kredit ganz zu schweigen. Auch Telefongesellschaften, Versandhäuser und Vermieter informieren sich bei der Schufa – und wenn sie erfahren, dass du einen Eintrag hast, bist du für sie abgemeldet.

Auch deswegen, weil so viel auf dem Spiel steht, solltest du unbedingt gleich Widerspruch einlegen, wenn eine Rechnung oder Mahnung unberechtigt oder zu hoch ist. Das lohnt sich aber nur, falls sie tatsächlich nicht gerechtfertigt ist; entscheidet das Gericht gegen dich, musst du auch noch alle Prozesskosten tragen.

Wenn du das Gefühl hast, dass dir Kosten und Schulden über den Kopf wachsen, dann warte nicht zu lange damit, dich an eine Schuldnerberatungsstelle zu wenden (seriöse Beratungen sind kostenlos). Infos darüber bekommst du bei der Stadtverwaltung oder schau im Telefonbuch und Internet nach. Online findest du Infos z. B. auf den Homepages:
www.schuldnerberatung.de, www.schuldnerberatung.at, www.schulden.ch oder – speziell für Jugendliche – *www.ohne-moos.de* und *www.fit-fuers-geld.de.*

VERTRAG IST VERTRAG

Regina, 17, hat sich in einem Tanzclub angemeldet; ihre Eltern fanden das gut und haben etwas Geld beigesteuert. Doch nach ein paar Tanzstunden ist sie nicht mehr hingegangen, sie hatte keine Zeit und viel Lust hatte sie auch nicht mehr. Als eine Mahnung über fällige Beiträge kommt, ist sie sauer. Schließlich war sie lange nicht mehr dort und hat die Räume und Kurse nicht genutzt, kann das auch beweisen! Muss sie trotzdem zahlen?

Ja, sie muss. Vertrag ist Vertrag. Und einem Club bzw. Verein beizutreten ist nichts anderes als einen Vertrag zu schließen.

Einen Vertrag kann man übrigens auch mündlich schließen. Wenn jemand dir ein Angebot macht, also dir einen Preis nennt und du sagst »Einverstanden!«, dann darf der Verkäufer das Angebotene niemand anderem verkaufen und du bist verpflichtet es abzunehmen. Auch wenn du bei einer Auktion, z. B. im Internet, ein Angebot machst, kann man dich darauf festnageln, deshalb solltest du nie nur so zum Spaß mitbieten!

Bei über längere Zeit laufenden Verträgen, wie beispielsweise im Fitnessstudio, gilt das Gleiche. Du verpflichtest dich jeden Monat einen Beitrag zu zahlen und darfst dafür die Geräte des Studios benutzen. Wenn du es nicht tust, musst du trotzdem bezahlen (außer du bist längere Zeit krank und kannst das per Attest nachweisen). Aus einem unbefristeten Vertrag kommst du normalerweise heraus, indem du ihn kündigst. Das geht aber nur zu bestimmten Terminen und Fristen. Das alles steht im »Kleingedruckten«, den Geschäftsbedingungen. Dabei musst du höllisch aufpassen, damit du diese Kündigungsfrist nicht verpasst, manche Verträge verlängern sich sonst automatisch um ein Jahr.

Einen Vertrag kündigen geht so: Du schickst deinem Vertragspartner per Einschreiben einen Brief (per Einschreiben deshalb, weil er sonst behaupten kann, ihn nicht bekommen zu haben). Darin schreibst du, dass du den Vertrag zum nächstmöglichen Zeitpunkt kündigen möchtest und aus welchen Gründen. Das ist alles. Wenn Regina den Club also nicht mehr nutzen möchte, sollte sie schnellstmöglich austreten, damit nicht noch weitere Beiträge anfallen.

> **TIPP:** Gerade unseriöse Geschäftemacher drängen gerne zur Eile, wenn es darum geht, einen Vertrag zu unterschreiben. Lass dich nie unter Druck setzen, sondern überleg dir wichtige Entscheidungen gründlich.

TRAUMJOBS UND HORRORAUSBILDUNGEN

Die Eltern von Andreas, 16, haben beide gute Stellen bei einem Versicherungskonzern. Sie wollen, dass er Versicherungskaufmann lernt. Aber Andreas hat überhaupt keine Lust, die ganze Zeit im Büro zu sitzen. Er ist sehr sportlich und trainiert viel. Am liebsten möchte er weiter zur Schule gehen und dann Sport studieren.

Vielleicht möchtest du studieren. Oder eine ganz bestimmte Ausbildung machen. Oder auf eine Berufsfachschule gehen. Eins ist jedenfalls sicher: Deine Eltern müssen dir eine Berufsausbildung ermöglichen und (wenn sie es können) finanzieren, die deinen Interessen und Begabungen entspricht. Sie entscheiden zwar über deine Ausbildung, wenn du noch minderjährig bist, aber sie sind verpflichtet, dabei auf deine Wünsche Rücksicht zu nehmen.

Andreas sollte seinen Eltern ganz klar verständlich machen, dass er als Versicherungskaufmann unglücklich wäre. Wenn seine Eltern dann immer noch nicht einlenken, sollte Andreas sich erwachsene Verbündete suchen, die mithelfen sie zu überzeugen, z. B. einen Lehrer, der seine Stärken und Schwächen gut kennt. Wenn auch das nichts nützt, kann er sich im äußersten Fall an das Jugendamt wenden und vor Gericht gehen.

Richte dich bei der Berufswahl unbedingt nach deinen eigenen Wünschen und Fähigkeiten – jahrelang etwas machen zu müssen, was du nicht wirklich willst und was dir keinen Spaß macht, wird schnell zum Alptraum.

Um einen Ausbildungsplatz zu bekommen, musst du dich wie jeder andere Jobsuchende bewerben und in möglichst gutem Licht darstellen (meist mit einem Anschreiben, Lebenslauf mit Foto, deinen letzten zwei Zeugnissen, Praktikumsnachweisen und sonstigen Nachweisen, die für dich sprechen). Es bringt nichts, Massenbewerbungen zu verschicken – stattdessen solltest du dich vorher genau über die Firma erkundigen und für jede einzelne Bewerbung ein maßgeschneidertes Anschreiben machen. Vielleicht hast du auch schon durch Praktika, Schulprojekte oder Schnuppertage Kontakte zu Unternehmen oder Betrieben geknüpft? Durch jemanden, den du persönlich kennst, hast du die besten Chancen, einen Ausbildungsplatz zu bekommen.

> **TIPP:** Das Berufsbildungsgesetz ist gerade geändert worden: Nun ist es möglich, eine Ausbildung teilweise im Ausland zu absolvieren (wenn der Ausbildungsbetrieb mitspielt) und Vorbereitungsmaßnahmen vor Beginn der Ausbildung (»Warteschleifen«) auf die eigentliche Ausbildung anzurechnen.

Wenn du mit einem Betrieb einig geworden bist, dann schließt ihr einen Ausbildungsvertrag ab (eine mündliche Zusage reicht nicht!), den du, der Ausbilder und deine Eltern unterschreiben. Darin muss stehen, was für eine Ausbildung du machen wirst, wann sie beginnt und endet, was für Berufsschulunterricht dazugehört, wie lange du jeden Tag arbeiten musst, wie viel Lohn und wie viel Urlaub du bekommst (je nach Alter zwischen 24 und 30 Werktage).

Außerdem wird darin festgelegt, wie lange du »Probezeit« hast (ein bis vier Monate). In dieser Zeit kann der Betrieb dich kennen lernen – wenn er den Eindruck gewinnt, dass du dich für den Beruf nicht eignest, kann er dir ohne Angabe von Gründen kündigen. Und auch du kannst dir überlegen, ob dieser Beruf und dieser Betrieb das Richtige für dich sind, und notfalls wieder aussteigen. Später ist eine Kündigung nur noch aus »wichtigem Grund« möglich.

Du kannst deinen Vertrag mit einer Frist von vier Wochen schriftlich kündigen, wenn du in deinem Brief begründest, warum du die Ausbildung wechseln willst. Außerdem brauchst du für das Abbrechen der Ausbildung die Erlaubnis deiner Eltern. Dein Ausbildungsbetrieb kann dir z. B. kündigen, wenn du geklaut hast, am Arbeitsplatz mit Drogen erwischt worden bist, dir einfach ohne Genehmigung Urlaub genommen oder öfter mal Abmahnungen kassiert hast (z. B. wegen Zuspätkommens oder Schwänzens der Berufsschule).

Wenn der Ausbildungsvertrag unterschrieben ist, musst du nur noch zum Arzt gehen und dir ein Attest ausstellen lassen, aus dem hervorgeht, dass du deinen zukünftigen Beruf körperlich bewältigen kannst.

Moritz, 17, hat Ärger in seiner Lehre. Er lernt Kfz-Mechatroniker und eigentlich macht ihm das viel Spaß. Aber sein Chef ist sehr streng. Er besteht darauf, dass Moritz abends erst gehen darf, wenn alle Arbeiten erledigt sind. Und als ein paar dringende Aufträge fertig werden mussten, hat er Moritz aufgefordert, er solle halt mal die Berufsschule ausfallen lassen. Moritz hat mitgespielt, weil er nicht noch mehr Probleme wollte. Vor kurzem ist er nämlich innerhalb eines Monats zweimal zu spät gekommen, weil die S-Bahn eine Panne hatte.

Moritz hat wirklich Pech mit seinem Chef. Doch dass er die Berufsschule besucht, darf der Chef nicht verhindern.

Als sein Ausbilder hat er die Pflicht, ihm diesen Unterricht zu ermöglichen. Moritz darf auch nicht gezwungen werden, die durch den Unterricht »versäumte« Arbeit nachzuholen, denn Berufsschulzeit gilt als Arbeitszeit.

Ein Azubi muss auch keine ausbildungsfremden Tätigkeiten übernehmen (z. B. jeden Tag die Wagen aller Mitarbeiter waschen und polieren, wenn er eine kaufmännische Ausbildung macht). Solche Aufgaben von vornherein abzulehnen ist unklug, aber wenn sie überhand nehmen, solltest du darauf hinweisen, dass du eigentlich hier bist, um etwas zu lernen!

Der Azubi muss außerdem Ausbildungsmittel wie Werkzeuge und Werkstoffe kostenlos zur Verfügung gestellt bekommen. Arbeitskleidung muss er selbst kaufen. Außerdem haben Azubis die Pflicht, zu lernen, Weisungen des Ausbilders zu befolgen, mit den Betriebseinrichtungen sorgsam umzugehen und Stillschweigen über Betriebsgeheimnisse zu bewahren.

Das mit Moritz' Zuspätkommen ist leider kritisch: So etwas ist ein Grund für eine Abmahnung und mehrere Abmahnungen können zur Kündigung führen. Am besten ist, wenn Moritz in Zukunft früher von daheim losgeht, um ein größeres »Zeitpolster« für Unvorhergesehenes zu haben. Wichtig ist: Wenn du krank geworden bist, einen Unfall hattest oder aus anderen Gründen nicht zum Unterricht oder zur Ausbildung kommen kannst, musst du den Betrieb sofort benachrichtigen und nach spätestens drei Tagen eine Krankmeldung einreichen. Wenn du einfach nur verschlafen hast oder im Stau feststeckst, ist es ebenfalls höflich, sich kurz per Handy zu melden, damit deine Ausbilder Bescheid wissen und nicht sauer auf dich werden.

Während der Ausbildung führst du ein Berichtsheft, in

dem du protokollierst, was du lernst. Am besten, du nimmst dir einmal die Woche Zeit, es auszufüllen – wenn du es nicht korrekt führst und nicht durch deinen Ausbilder abzeichnen lässt, wirst du unter Umständen nicht zur Zwischen- und Abschlussprüfung zugelassen.

Nach der Ausbildung hast du Anspruch auf ein Zeugnis, in dem die wichtigsten Eckdaten stehen: die Bezeichnung deines Berufs, die Daten von Beginn und Ende der Ausbildung und was für Kenntnisse du erworben hast.

Sehr viel besser als ein solches einfaches Zeugnis ist eins, in dem auch etwas über deine Leistungen steht. Wenn du nicht von selbst ein ausführliches Zeugnis bekommst, dann bitte darum – jedenfalls wenn du den Eindruck hattest, dass deine Ausbilder mit dir zufrieden waren. Das Zeugnis muss »wohlwollend« formuliert sein, aber Personalchefs haben Mittel und Wege gefunden, wie sie auch weniger gute Beurteilungen zwischen den Zeilen verstecken können. »Er hat sich stets bemüht, die Aufgaben zu unserer Zufriedenheit zu erfüllen« heißt, dass der Azubi nichts zustande gebracht hat. »Er hat die übertragenen Aufgaben stets zu unserer vollen Zufriedenheit erledigt« ist dagegen eine gute Note – wenn es »vollste Zufriedenheit« heißt, steht das sogar für ein »Sehr gut«.

CH: In der Schweiz müssen LehrmeisterInnen in der Regel nach dem Ende jedes Semesters (= Halbjahres) einen schriftlichen Bericht über die Leistungen ihres Lehrlings schreiben. Auf *www.lehrmeister.ch/dokumente/ index.php* unter »Lehrling – Auch du hast Rechte« oder auf der Internetseite *www.gewerkschaftsjugend.ch* sind viele Tipps zu finden.

RÄTSEL DER ERWACHSENENWELT
– Steuern und Sozialversicherung

In Deutschland, Österreich und der Schweiz ist die soziale Versorgung der Menschen genau geregelt. Dieses System, das erst mal ganz schön schwer zu verstehen ist und das auch die meisten Erwachsenen nicht völlig durchblicken, hat seinen Sinn, denn es hilft dir, wenn du krank oder arbeitslos wirst, wenn du einen Unfall hast oder alt bist und nicht mehr arbeiten kannst.

Das Prinzip ist dabei ganz einfach: Alle, denen es finanziell gut geht, weil sie ein regelmäßiges Einkommen haben, geben Geld ab und diejenigen, die gerade in Schwierigkeiten sind, bekommen Leistungen. Das kann eine vorübergehende Situation sein: Du gehst beispielsweise zum Arzt, weil du krank bist, und er nimmt dir Blut ab, das im Labor untersucht wird. Du zahlst dafür nichts, weil du bzw. deine Eltern regelmäßig in die Krankenversicherung einzahlen. Es kann sich aber auch um eine lang andauernde Situation handeln: Wenn du z. B. Probleme mit deinen Eltern hattest und in einer betreuten Wohngruppe lebst, wird diese zumindest teilweise vom Jugendamt bezahlt – also aus Steuergeldern.

Grundsätzlich kann man unterscheiden zwischen der Sozialversicherung – bei ihr bekommt nur derjenige Leistungen, der in sie eingezahlt hat – und den Steuern – sie kommen allen zugute.

Zurzeit wird viel über unser Sozialsystem diskutiert, denn soziale Leistungen kosten den Staat und die Sozialversicherungsträger viel Geld. Nicht überall auf der Welt gibt es ein so gutes soziales Netz. In Amerika beispielsweise haben viele Menschen keine Krankenversicherung und sind, wenn jemand in der Familie schwer erkrankt, oft finanziell ruiniert. Deshalb ist es wichtig, sich dafür einzusetzen, dass die in den deutschsprachigen Ländern eingeführten Sozialsysteme erhalten bleiben, auch wenn hier und da gekürzt werden muss.

SOZIALVERSICHERUNG – WAS IST DAS EIGENTLICH?

Steffi ist 16 und hat gerade ihre Lehrstelle als Bürokauffrau angetreten. Jetzt freut sie sich auf ihre erste eigene Vergütung von 630 Euro. Aber als sie den Brief mit dem Gehaltszettel öffnet, ist sie enttäuscht: Gerade mal 490 Euro bekommt sie! Was ist eigentlich mit dem Rest des Geldes?

Sobald du zu arbeiten anfängst, sei es in einer Ausbildung, nach einem Studium oder als ungelernte Kraft, zahlst du auch Sozialversicherungsbeiträge.

Die 5 Säulen der Sozialversicherung sind:
> *Arbeitslosenversicherung:* Zahlt dir Arbeitslosengeld, wenn du deinen Job verlierst.
> *Krankenversicherung*: Zahlt die Behandlungskosten, wenn du krank wirst.
> *Rentenversicherung:* Zahlt Rente, wenn du in den Ruhestand gehst, aber auch wenn du, beispielsweise durch Krankheit oder Unfall, als jüngerer Mensch nicht mehr arbeiten kannst (Erwerbsunfähigkeit).
> *Pflegeversicherung:* Zahlt Kosten für Pflegebedürftige, die sich nicht mehr selbst versorgen können.

> *Unfallversicherung:* Zahlt Behandlung und Reha nach einem Arbeitsunfall.

Bis auf die Unfallversicherung, die der Arbeitgeber alleine trägt, werden die Beiträge zur Sozialversicherung je zur Hälfte von dir und von der Firma getragen, bei der du beschäftigt bist. Die Hälfte, die du zahlst, siehst du auf dem Gehaltszettel abgedruckt. Die andere Hälfte bleibt für dich sozusagen unsichtbar, weil der Arbeitgeber den kompletten Betrag direkt an die Sozialversicherungsträger überweist.

Es gibt Ausnahmen bei geringem Einkommen: Bei den so genannten 400-Euro-Jobs in Deutschland zahlst du keine Sozialversicherungsbeiträge. Zwischen 400 Euro und 800 Euro wird der Sozialversicherungsbeitrag dann langsam angehoben und erst bei 801 Euro zahlst du die vollen Beitragssätze.

In der Ausbildung gelten andere Beträge. Hier zahlt bis 325 Euro der Ausbildungsbetrieb deine Hälfte der Beiträge mit. Bekommst du mehr, musst du deine Hälfte komplett selbst zahlen (ca. 21,5 % vom Bruttolohn). Um die Sozialversicherungsbeiträge zu überweisen, braucht der Arbeitgeber von dir:

> Angabe deiner Krankenkasse: Diese darfst du jetzt selbst wählen, denn sobald du arbeitest, bist du nicht mehr bei deinen Eltern mitversichert! Informiere dich über die Beitragssätze diverser Krankenkassen, denn diese sind unterschiedlich hoch!

> deinen Rentenversicherungsausweis. Den erhältst du von der BfA oder der LVA zugeschickt, sobald du Mitglied bei einer Krankenkasse geworden bist.

Solange du noch zur Schule gehst, musst du keine Sozialversicherungsbeiträge bezahlen. Du bist über deine Eltern krankenversichert und Arbeitslosigkeit und Rente sind kein Thema für dich. In der Schule und auf dem Schulweg bist du genauso unfallversichert wie ein Arbeitnehmer am Arbeitsplatz. Und wenn du in den Ferien oder nebenher jobbst, bist du nicht sozialversicherungspflichtig, vorausgesetzt du arbeitest nicht mehr als zwei Monate oder 50 Arbeitstage pro Jahr.

A: In Österreich hängt es von deinem Verdienst ab, ob du beim Ferialjob Beiträge zur Kranken-, Unfall-, Arbeitslosigkeits- und Pensionsversicherung bezahlen musst. In der Lehrzeit ist die Sozialversicherung gestaffelt, das heißt, du zahlst jedes Jahr ein bisschen mehr ein.

CH: Alters- und Arbeitslosenversicherung werden in der Schweiz ebenfalls zur Hälfte von Arbeitgeber und Arbeitnehmer bezahlt. Die Krankenversicherung zahlt jeder selbst. Es gibt keine Familienversicherung, du bist also nicht bei deinen Eltern mitversichert. Der Beitrag zur Krankenversicherung ist unabhängig davon, wie viel jemand verdient.

DAS BERÜCHTIGTE FINANZAMT

Sven will seinen Traum verwirklichen und sich zum 16. Geburtstag ein Moped kaufen. Deshalb sucht er für die Sommerferien eine Arbeit und findet auch einen Verpackungsjob in einer Druckerei. Der Personalchef sagt, er brauche jetzt noch Svens Lohnsteuerkarte. Sven nickt, als wüsste er Bescheid, aber – wo, bitte, kriegt er die eigentlich her und wofür braucht er die?

Jeder, der irgendwo angestellt ist, zahlt jeden Monat Lohnsteuer. Die wird ihm automatisch von seinem Gehalt abgezogen und an das Finanzamt überwiesen. Es gibt noch viele andere Steuern, die man an den Staat zahlt. Du zahlst z. B. regelmäßig Mehrwertsteuer: Wenn du mal auf einen Kassenzettel schaust, egal ob für ein Eis oder ein Schulheft, dann steht da was von »MwSt«. Das bedeutet, bis zu 20 % (je nach Produkt und Land) von dem, was du bezahlst, bekommt gar nicht der Händler, sondern das Finanzamt. Aus den Steuergeldern wird alles bezahlt, was die Gemeinschaft benutzt: Straßen, Schulen, Parkanlagen, aber auch die Beamten und Angestellten in den Ämtern, die Polizisten und die Richter. Steuern sind also etwas ganz Wichtiges, aber natürlich will trotzdem keiner zu viel davon abgeknöpft bekommen, schließlich braucht man ja sein Geld fürs eigene Leben.

Wenn du nach der Schule zu arbeiten anfängst oder eine Ausbildung machst, wirst du wie jeder Erwachsene Lohnsteuer zahlen. Allerdings verdient man in vielen Ausbildungsberufen so wenig, dass man von der Steuer befreit ist. Wer mehr verdient, hat aber unter Umständen nach Abzug von Steuern und Versicherungen nur noch die Hälfte seines Lohnes übrig.

Die Lohnsteuerkarte, die du beim Arbeitgeber abgeben musst, gibt es bei der Stadt oder der Gemeinde. Wenn du Arbeitnehmer bist, bekommst du sie automatisch jährlich zugeschickt, um sie bei deinem Arbeitgeber abzugeben. Wenn du während des Jahres dort aufhörst, muss der Arbeitgeber dir die ausgefüllte Karte zurückgeben, damit du sie an deinen nächsten Betrieb weitergeben kannst. Bleibst du bis zum Jahresende, bekommst du statt der Karte den Ausdruck der Lohnsteuerbescheinigung, die der Arbeitgeber dem Finanzamt elektronisch geschickt hat. Auf dieser steht, was du im gesamten Jahr verdient und wie viel Steuern du bezahlt hast. Mit Hilfe dieser Lohnsteuerbescheinigung kannst du deine jährliche Steuererklärung machen.

Die Steuererklärung

Am Jahresende kannst du einen so genannten »Einkommensteuerjahresausgleich« machen, das heißt, du schickst dem Finanzamt ein ausgefülltes Formular zu, in dem du angibst, dass du in dem Jahr zwar so und so viel verdient hast, aber auch einige Kosten hattest, z. B. für Fachbücher und Fahrtkosten, für eine Haftpflichtversicherung oder weil du 100 Euro ans Rote Kreuz gespendet hast. Dann bekommst du einen Teil der Steuern, die du gezahlt hast, im Nachhinein erstattet. Wie viel Prozent von deinem Lohn oder Gehalt für die Steuer draufgehen, hängt davon ab, wie viel du verdienst: Wer mehr verdient, muss einen größeren Teil abgeben als jemand, der ein geringes Einkommen hat.

Besonders wichtig ist die Steuererklärung im ersten Jahr, in dem du zu arbeiten anfängst: Wenn du z. B. im September zum ersten Mal gearbeitet hast, wird dein Jahreseinkommen so angesetzt, als hättest du zwölf Monate gearbeitet. Das ist dann natürlich sehr wenig pro Monat und du bekommst eine Menge Steuern zurück! Lass dir beim ersten Mal am besten von deinen Eltern helfen das Formular auszufüllen. Weitere Infos unter www.finanzamt.de, www.bmf.gv.at, www.estv.admin.ch.

Wer – so wie Sven – als Schüler einen Ferienjob macht, muss auch Lohnsteuer zahlen. Wenn er weniger als 18 Arbeitstage am Stück arbeitet (also bei einer Fünf-Tage-Woche drei Wochen und drei Tage), dann kann der Arbeitgeber das pauschal versteuern, ohne dass er eine Lohnsteuerkarte von ihm braucht. Die Entscheidung darüber liegt aber bei ihm! Arbeitet Sven länger, muss er sich auf jeden Fall die Lohnsteuerkarte von seiner Gemeinde besorgen. Er bekommt die Steuern dann am Jahresende über den Einkommensteuerjahresausgleich zurück. Wenn er einen regelmäßigen kleinen Job hätte und vielleicht einmal in der Woche zwei Stunden Zeitungen austragen würde, wäre das steuerfrei.

A: In Österreich muss man erst ab einem bestimmten Einkommen Lohnsteuer zahlen. Wenn du in deinem Ferienjob oder deiner Ausbildung weniger verdienst, musst du nicht nur keine Steuern zahlen, sondern erhältst sogar bis zu 110 Euro »Negativsteuer« pro Jahr vom Finanzamt zurück. Voraussetzung ist, dass du eine »Arbeitnehmerveranlagung« durchführst, das entspricht der Steuererklärung in Deutschland.

CH: Grundsätzlich musst du auch in der Schweiz Lohnsteuer bezahlen. Manche Kantone befreien aber Jugendliche von der Steuerpflicht, und für Ausbildung und Studium gibt es Sonderregelungen.

DER FRUST MIT DEM TÜRSTEHER
– Weggehen und Drogen

Abtanzen, ein Bierchen zischen – das Leben kann so schön sein! Dass es auch hier Grenzen gibt, die einem von außen auferlegt werden – ist das eine Laune der Erwachsenen, die den Jugendlichen zeigen wollen, wer hier das Sagen hat? Manchmal kann es einem schon willkürlich vorkommen, wenn etwa deinem 16-jährigen Freund etwas schon erlaubt ist, was du nicht darfst. Nur weil er einen Monat vor dir Geburtstag hat. Andererseits kann man nicht jeden einzelnen Jugendlichen ständig daraufhin prüfen, wie »reif« er schon ist. In Gesetzen müssen leider Altersgruppen festgelegt werden.

ES IST 24 UHR ...

Der 15-jährige Markus und der 16-jährige Tom sind nach der privaten Party bei einer Klassenkameradin um 23 Uhr in die Disko aufgebrochen. Für Markus ist es der erste Diskobesuch, und damit er ein bisschen älter wirkt, hat er sich viel Gel in die Haare geschmiert. Aber als sie beim Türsteher ankommen, will der auf einmal ihre Ausweise sehen – Markus rutscht das Herz in die Hose. Tom zeigt seinen Ausweis vor, Markus behauptet, er habe ihn vergessen und er sei auch 16. Aber der Türsteher ist unerbittlich und lässt ihn nicht durch. Markus ist enttäuscht und wütend. Tom bleibt aus Solidarität draußen – er hätte offiziell auch nur noch eine knappe Stunde reingedurft.

Sicher sind nicht alle Türsteher so genau. Aber im Recht ist er – und eigentlich sind alle Betreiber von Diskotheken und Gaststätten dazu verpflichtet, sich an den Jugendschutz zu halten. Tun sie es nicht, kann es sie einiges kosten. Im Extremfall wird ihr Betrieb geschlossen.

Im Einzelnen heißt das fürs Abtanzen:

Alter	erlaubt	bis zu welcher Uhrzeit?
0–17	öffentlicher Diskobesuch zusammen mit den Eltern	unbegrenzt
0–17	öffentlicher Diskobesuch zusammen mit einer »erziehungsbeauftragten Person« über 18	unbegrenzt
0–13	Besuch einer Tanzveranstaltung von Jugendhilfeträgern	bis 22 Uhr
14–15	Besuch einer Tanzveranstaltung von Jugendhilfeträgern	bis 24 Uhr
16–17	öffentlicher Diskobesuch ohne Eltern	bis 24 Uhr
ab 18	öffentlicher Diskobesuch ohne Eltern	unbegrenzt

Und für Kneipen und Gaststätten:

Alter	erlaubt	bis zu welcher Uhrzeit?
0–15	Gaststättenbesuch zusammen mit den Eltern	unbegrenzt
0–15	Gaststättenbesuch zusammen mit einer »erziehungsbeauftragten Person« über 18	unbegrenzt
0–15	Gaststättenbesuch ohne Eltern bei Einnahme einer Mahlzeit oder eines nichtalkoholischen Getränks	5–23 Uhr
0–17	Gaststättenbesuch ohne Eltern im Rahmen einer Veranstaltung eines Jugendhilfeträgers oder auf Reisen	unbegrenzt
16–17	Gaststättenbesuch ohne Eltern	5–24 Uhr
ab 18	Gaststättenbesuch, auch von Nachtbars und Nachtclubs	unbegrenzt

Die »erziehungsbeauftragte Person« kann z. B. deine große Schwester sein, die schon volljährig ist. Je nach Auslegung darf es aber nicht dein Freund, deine Freundin oder jemand aus deiner Clique sein. Damit ihr keine Schwierigkeiten bekommt, ist es am besten, deine Eltern geben euch ein Schreiben mit, aus dem hervorgeht, dass diese Person dich in Vertretung deiner Eltern begleitet. Es sollten darin deine Daten, die Daten deiner Eltern und die des »Erziehungsbeauftragten« stehen, außerdem die Zeit und der Ort, an den er dich begleitet, und das Ganze muss von deinen Eltern unterschrieben werden. Natürlich darf derjenige dich nicht einfach nur an der Diskotür abliefern, sondern muss bei dir bleiben und darf nicht vor dir die Disko verlassen, sonst gibt es Ärger.

Ansonsten ist es natürlich – egal wie alt ihr seid – erlaubt, dass ihr private Partys zu Hause veranstaltet. Und das, so lange ihr wollt bzw. so lange die Nachbarn und eure Eltern mitspielen. Je nachdem wie deine Nachbarn drauf sind, musst du natürlich, gerade was Musik betrifft, Rücksicht nehmen, und zwar unabhängig von der Uhrzeit. Wenn du eine Party veranstalten willst, geh am besten zu deinen Nachbarn und informiere sie darüber. Mache mit ihnen aus, ab wann die Musik leiser gedreht werden muss. Wenn du keine verständnisvollen Nachbarn hast, kann es sein, dass sie, statt selbst herüberzukommen, die Polizei rufen. Beim ersten Mal ermahnt euch diese in der Regel nur, leiser zu sein. Du solltest aber dann wirklich nicht wieder laut aufdrehen, denn beim zweiten Mal wird es unangenehmer sein. Lärmbelästigung kann als Ordnungswidrigkeit verfolgt werden und theoretisch könnte auch deine Anlage beschlagnahmt werden.

Beim Kino gelten folgende Regelungen:

Alter	erlaubt	bis zu welcher Uhrzeit?
0–17	Kinobesuch mit den Eltern	unbegrenzt
6–13	Kinobesuch ohne Eltern	bis 20 Uhr Filmende
14–15	Kinobesuch ohne Eltern	bis 22 Uhr Filmende
16–17	Kinobesuch ohne Eltern	bis 24 Uhr Filmende
ab 18	Kinobesuch ohne Eltern	unbegrenzt

Voraussetzung dafür, ins Kino reinzuommen, ist natürlich, dass der Film für deine Altersgruppe freigegeben ist.

A: In Österreich ist der Jugendschutz Sache der einzelnen Bundesländer. Anders als in Deutschland und der Schweiz gibt es also keine einheitlichen Vorschriften!

NUR FÜR ERWACHSENE!

Was verboten ist, ist meistens besonders interessant. Dass du besonders neugierig auf Dinge bist, die ausdrücklich mit »Erst ab 18 Jahren« deklariert sind, ist verständlich. Aber es hat seine Gründe, dass manche Orte und Medien nicht schon für Jugendliche oder gar Kinder zugänglich sind. Pornografische Filme etwa vermitteln selten ein realistisches Bild von Sexualität – erlebe dein erstes Mal lieber selbst mit einem echten Menschen, den du magst, und nicht mit anonymen, gefühlsarmen Schauspielern auf der Leinwand. Und Glücksspiele könnten dich in den Ruin treiben, ehe du wirklich das Gefühl kennen lernen konntest, selbst verdientes Geld in der Tasche zu haben.

Deshalb sind beispielsweise ausdrücklich erst ab 18 Jahren erlaubt:
> der Besuch von Nachtclubs und Bordellen
> der Besuch von öffentlichen Spielhallen
> Gewinnspiele, beispielsweise an Spielautomaten (gilt nicht für Spiele mit Warengewinnen auf Volksfesten etc.)
> das Kaufen oder Ausleihen von »nicht jugendfreien« Filmen und (Computer-) Spielen
> pornografische Websites

Das heißt, die Betreiber dieser Einrichtungen müssen darauf achten, dass keine Minderjährigen Zugang zu ihren Räumen, Geräten oder Internetseiten haben. Die Betreiber sind dran, wenn herauskommt, dass sie Jugendschutzvorschriften nicht einhalten. Dich als Minderjährigen trifft zwar keine Schuld, unangenehm wird es aber auch, wenn die Polizei dich aufgreift und deine Eltern anruft, damit sie dich vor der Nachtbar Soundso abholen kommen.

ZUGEDRÖHNT ODER AUFGEPUTSCHT?

Der 15-jährige Patrick hat schon mal einen Joint mitgeraucht. Ansonsten hat er mit Drogen nichts am Hut. Sein 16-jähriger Freund Christoph tut in der Schule auf einmal so geheimnisvoll herum. Am Nachmittag zieht er ein Päckchen aus der Tasche und will ihm Haschisch verkaufen. »Nur für dich, Eigenverbrauch ist doch nicht strafbar«, drängt Christoph. Patrick zögert, denn eigentlich hat er keine Lust, das Zeug zu Hause rumliegen zu haben, wo seine Eltern es finden könnten. Und so heiß auf Drogen ist er nicht, dass er viel Geld dafür raushauen würde. Christoph ist sauer, als Patrick ablehnt, und sagt, er sei ein Weichei.

Kein Mensch ist ein Weichei, wenn er etwas nicht konsumieren möchte, egal ob es eine Tüte Gummibärchen oder eine Tüte »Gras« ist! Haschisch wird oft als harmlos angesehen, regelmäßig konsumiert kann es aber psychisch abhängig machen. Außerdem kann man darüber Kontakt zu einer Szene bekommen, in der auch härtere Drogen genommen werden. Der Konsum von Drogen ist aber ganz allgemein aus zwei Gründen mit Risiken verbunden:

> Sie belasten in hoher Dosierung und/oder regelmäßig eingenommen die Gesundheit und können teilweise tödlich sein.

> Sie können süchtig machen. Von ihnen dann wieder loszukommen, ist sehr schwierig und teilweise nur mit professioneller Hilfe und/oder Unterstützung von Freunden möglich.

Deshalb solltest du dir, ganz unabhängig von der rechtlichen Situation, sehr gut überlegen, ob du Suchtmittel zu dir nimmst – egal ob sie offiziell als legal bezeichnet werden oder nicht. Legale Drogen sind beispielsweise Nikotin, Alkohol und Medikamente (nach ärztlicher Verschreibung). Zigaretten dürfen nur an über 16-Jährige verkauft werden und erst ab diesem Alter darfst du auch in der Öffentlichkeit rauchen. Ab 2007 dürfen auch keine Zigarettenautomaten mehr aufgestellt werden, die für Jüngere offen zugänglich sind.

Obwohl in unserer Gesellschaft Alkohol dazugehört, darfst du nicht vergessen, dass er, regelmäßig getrunken, süchtig macht. Egal was andere Jugendliche und Erwachsene in deiner Umgebung darüber denken, solltest du deshalb für dich selbst immer wieder überlegen, was und wie viel du trinken willst – oder auch nicht.

Hochprozentiges (Branntweingetränke) ist für Jugendliche ausnahmslos verboten. Dazu gehören auch Mischgetränke wie Cocktails oder Alcopops. Leichterer Alkohol wie Bier und Wein darf in Kneipen und Diskotheken ab 16 ausgeschenkt werden, an Jüngere nur, wenn die Eltern dabei sind.

Illegale Drogen sind beispielsweise:
> *Cannabis-Drogen*: Haschisch und Marihuana
> *Opiate*: Heroin, Methadon, Codein und Morphium
> *synthetische Drogen*: Speed, Ecstasy
> *andere Drogen:* Kokain, Amphetamine und LSD

Mit diesen Stoffen ist nicht nur aus gesundheitlichen Gründen nicht zu spaßen. Du kannst auch ernsthafte Probleme mit dem Gesetz bekommen, wenn du mit ihnen zu tun hast. Du darfst sie weder auf dem Balkon anbauen noch sie in deinem »Labor« herstellen. Du darfst sie dir nicht über Freunde oder auf der Straße besorgen. Du darfst sie weder in der Hosentasche rumtragen noch unter der Matratze verstecken. Und vor allem darfst du sie nicht an andere weitergeben, egal ob gegen Bezahlung oder nicht.

Christoph hat Unrecht, wenn er meint, dass Patrick sich nicht strafbar machen würde, solange er nur eine kleine Menge Hasch zum Eigenverbrauch kauft. Allerdings könnte Patrick bei einem toleranten Richter und wenn er zum ersten Mal erwischt wird, damit rechnen, dass er nicht bestraft wird. Anders Christoph, der ein ganzes Päckchen bei sich trägt und damit dealt (s. auch S. 111 ff. – Schwerer Ärger).

CH: Kauf und Rauchen von Zigaretten sind in der Schweiz gesetzlich nicht beschränkt. Viele Verkaufsstellen halten sich aber an die Grenze von 16 Jahren.

> TIPP: Es ist nie zu spät, aufzuhören! Wenn du das Gefühl hast, von einem Suchtmittel nicht mehr wegzukommen, ist das noch lange kein Grund aufzugeben. Viele Leute haben als Jugendliche Drogen genommen oder sich das Trinken angewöhnt und sind mittlerweile »clean« oder »trocken«. Bei einer Drogen- oder Alkoholberatungsstelle hilft man dir kostenlos, deine Situation einzuschätzen und einen Antrag auf einen Therapieplatz zu stellen.

Hilfe und Informationen bekommst du im Internet z. B. auf den Homepages *www.drobsmuenchen.de/onlineberatung.html* oder *www.ausweg.de*, in Österreich unter *www.online drogenberatung.at* und in der Schweiz unter *www.feelok.ch*, *www.saferparty.ch* und *www.suchtknacker.ch*.

LIEBE SÜNDE
– Sex und die Folgen

Natürlich ist die Liebe keine Sünde. Und wenn auch die Einstellung zu Sex bei verschiedenen Leuten sehr unterschiedlich sein mag, so geht es in allen Gesetzen, die sich mit dem Thema befassen, vor allem um den Schutz davor, ausgenutzt oder missbraucht zu werden. Da du als Jugendlicher deine Sexualität ja erst entdeckst und deine ersten Erfahrungen sammelst, wirst du auch mehr geschützt als die Erwachsenen.

WER MIT WEM UND WER NICHT?

Benny ist 17 und mit der 14-jährigen Sarah zusammen. Ihre Eltern geben ihm zu verstehen, dass sie Sarah für zu jung halten, um einen Freund zu haben – außer, sie würden beim Händchenhalten und Knutschen bleiben. Neuerdings machen sie sich auch noch Sorgen wegen der rechtlichen Situation: Benny wird bald 18 und Sarahs Eltern glauben, Benny mache sich strafbar, wenn er dann mit ihrer minderjährigen Tochter schliefe. Benny und Sarah haben schon längst heimlich miteinander geschlafen, aber mittlerweile ist auch Benny unsicher, ob ihre Eltern Ärger machen können, wenn er volljährig wird.

Früher war die rechtliche Situation, was Sex betraf, ziemlich verworren und unlogisch. Das haben wahrscheinlich auch Sarahs Eltern noch im Kopf. Wenn du mindestens

14 bist und dein Freund oder deine Freundin auch, dann gibt es aber heutzutage kaum noch (rechtliche) Probleme, falls euch das Händchenhalten nicht mehr ausreicht. Strafbar ist nämlich nur:

> wenn einer von euch 13 oder jünger ist und der andere mindestens 14. In dem Fall ist der oder die 13-jährige nämlich nach dem Gesetz noch ein Kind. Der andere ist aber schon ein Jugendlicher und strafmündig. Und Sex mit Kindern ist verboten! (Das betrifft nicht nur den richtigen Geschlechtsakt, sondern jede sexuelle Handlung, also auch schon das Petting.)

> wenn einer von euch noch minderjährig ist und der andere ihm gegenüber eine Machtstellung hat, wenn es sich etwa um deinen Lehrer, deine Chefin oder einen Erzieher im Jugendzentrum handelt. Dann macht sich der Erwachsene strafbar, weil man davon ausgeht, dass er deine Abhängigkeit von ihm ausnutzen könnte.

> wenn du unter 16 bist und ein Erwachsener dich unter Druck setzt oder deine Unerfahrenheit ausnutzt, um mit dir Sex zu haben.

Sarahs Eltern müssten sich also Sorgen machen, wenn ihre Tochter auf einmal mit einem Dreißigjährigen daherkommt, bei dem man sich durchaus fragen kann, warum er sich für einen Teenager interessiert. Benny und Sarah sind aber beide Jugendliche und die Tatsache, dass Benny demnächst volljährig wird, ist nicht wichtig, wenn die beiden ein Paar sind.

A: In Österreich ist wie in Deutschland Sex grundsätzlich erst ab 14 erlaubt. Sexuelle Kontakte, bei denen es nicht zum Geschlechtsverkehr kommt, werden aber nicht bestraft, wenn der Altersunterschied zwischen beiden nicht mehr als vier Jahre beträgt und der oder die

Jüngere mindestens zwölf Jahre alt ist. Wenn ihr miteinander schlaft, muss der oder die Jüngere mindestens 13 sein und der Altersunterschied darf nicht mehr als drei Jahre betragen.

CH: In der Schweiz ist man ab 16 sexuell mündig. Mit Personen unter 16 ist Sex nur erlaubt, wenn der Altersabstand zwischen beiden nicht mehr als drei Jahre beträgt.

Homosexualität

Homosexualität wird nach dem Gesetz übrigens genauso behandelt wie Heterosexualität. Das heißt, wenn du schwul oder lesbisch bist, gelten für dich und deinen Freund oder deine Freundin dieselben Regeln wie für jemanden, der aufs andere Geschlecht steht! Informationen und Kontakte für junge Homosexuelle gibt es im Internet unter *www.easyout.de*, *www.comingout.cc* (österreichische Seite) und in der Schweiz unter *www.traudi.ch* und *www.rainbowgirls.ch*.

VOM ERSTEN MAL UND DENEN DANACH

Julia ist 16 und seit einem Jahr mit ihrem Klassenkameraden David zusammen. Einige ihrer Freundinnen nehmen schon die Pille, aber David und sie sind bisher mit Kondomen über die Runden gekommen. Jetzt möchte Julia gerne die Pille nehmen, weil die einfach bequemer ist und sie ihr mehr traut. Ihren Eltern will sie davon nichts sagen, weil diese die Pille für gesundheitlich bedenklich halten. Aber geht das überhaupt ohne Eltern?

Verliebtsein ist wunderschön und du könntest darüber glatt den Kopf verlieren. Bis zu einem gewissen Punkt kannst du das auch, aber ganz ausschalten darfst du dein Hirn natürlich auch nicht. Denn Sex kann Folgen haben, die weder du noch dein Freund oder deine Freundin wollen und vor denen ihr euch schützen müsst:

> vor Krankheiten wie Aids
> vor einer unerwünschten Schwangerschaft

Ein Kondom schützt euch vor Aids und anderen Geschlechtskrankheiten. Du solltest auf jeden Fall dann Kondome benutzen bzw. von deinem Partner verlangen, wenn ihr euch noch nicht so gut kennt und keinen Aids-Test gemacht habt. Aber Vorsicht: Falls man sich wirklich mit dem Aids-Virus infiziert hat, dauert es drei Monate, bis das im Test nachzuweisen ist. Hat dein Partner also vor zwei Wochen ungeschützten Geschlechtsverkehr gehabt, sieht man die Konsequenzen im Aids-Test noch gar nicht. Wenn dein Partner sich strikt weigert ein Kondom zu benutzen, ist etwas faul an der Sache – sei dann lieber vorsichtig!

Für einen Aids-Test muss man übrigens nicht zum Hausarzt gehen: In den meisten Gesundheitsämtern gibt es die Möglichkeit, ihn kostenlos zu machen. Und zwar anonym, du musst also keinen Ausweis und keine Krankenkassenkarte vorzeigen.

Wenn du länger mit jemandem zusammen bist, so wie Julia, möchtest du dir vielleicht die Pille verschreiben lassen. Nicht jede kann da einfach zur Mama gehen und sagen: »Ich gehe zum Frauenarzt. Gibst du mir deine Krankenkassenkarte?«

Wenn Julia schon eine eigene Krankenkassenkarte hat, ist die Sache kein Problem. Sie kann zum Arzt gehen, ohne dass ihre Eltern etwas davon erfahren müssen. Der Arzt hat Schweigepflicht, das heißt, er darf niemandem sagen, dass Julia bei ihm war und warum. Auch die Pille darf er ihr verschreiben, er ist aber nicht dazu verpflichtet. Manche Ärzte weigern sich, weil sie die Patientin für zu jung halten oder tatsächlich medizinisch etwas dagegen spricht. Geh dann noch mal zu einem anderen Arzt und hör dir dessen Meinung an!

Was aber, wenn du die Krankenkassenkarte deiner Eltern mitbenutzt oder wenn deine Eltern privat versichert sind und über jeden Arztbesuch eine Rechnung bekommen? Dann gibt es immer noch die Lösung, dass du den Arztbesuch selbst bar bezahlst. Frag vorher telefonisch, wie viel das kosten würde. Oder du gehst zu einer Beratungsstelle (z. B. Pro Familia), die manchmal die Pille abgibt, wenn man keine andere Möglichkeit hat, an sie zu kommen. Schau doch mal unter *www.profamilia.de*, ob es eine Stelle in deiner Nähe gibt. Dort bekommst du auch Tipps zu anderen Fragen der Sexualität. Auch in Österreich und der Schweiz gibt es Websites, auf denen du dich über Fragen zum Sex informieren kannst, z. B. *www.lovetour.at*, *www.oegf.at* und *www.tschau.ch*, *www.lustundfrust.ch*.

> **TIPP:** Verhütungsmittel sind für unter 21-Jährige kostenlos! Du bekommst sie also in der Apotheke ohne was zuzahlen zu müssen (Ausnahme: Kondome, die es ja in jeder Drogerie zu kaufen gibt).

WENN DIE REGEL AUSBLEIBT

Dominik (16) ist wie vor den Kopf geschlagen, als seine Freundin Nina (15) ihm mitteilt, dass sie schwanger ist.

Irgendwie hat sie mit der Pille geschludert. Dominik schlägt sofort die Abtreibung vor, aber Nina meint, sie würde das nicht übers Herz bringen. Dominik fühlt sich viel zu jung, um Vater zu werden. Und ob die Sache mit Nina für die Ewigkeit ist, weiß er doch auch noch nicht.

Ob man ein Baby austrägt oder die Abtreibung die bessere Lösung ist, ist immer eine sehr persönliche Gewissensfrage. Diese Entscheidung muss die Frau bzw. das Mädchen treffen; weder der Vater des Kindes noch ihre Eltern dürfen sie dazu zwingen, abzutreiben. Wenn du minderjährig bist, müssen deine Eltern aber der Abtreibung zustimmen, da es sich dabei um einen Eingriff in deinen Körper handelt und zur elterlichen Sorge nun mal auch die Verantwortung für deine Gesundheit gehört.

Das heißt für dich als Mädchen:
> Wenn du *unter 14* bist, hat sich derjenige, mit dem du geschlafen hast, strafbar gemacht, denn mit unter 14-jährigen darf man noch keinen Sex haben. Dann ist eine Abtreibung auf jeden Fall möglich.
> Wenn du *mindestens 14* bist und das Kind haben möchtest, darf dich niemand dazu zwingen, abzutreiben!
> Wenn du *mindestens 14* bist und abtreiben willst, brauchst du die Zustimmung deiner Eltern. Erhältst du sie nicht, kannst du dich ans Jugendamt wenden. Vom Vormundschaftsgericht kann dir dann z. B. ein Pfleger bestellt werden, der den entsprechenden Bereich der elterlichen Sorge übertragen bekommt.
> Wenn du *mindestens 16* bist, wird meistens davon ausgegangen, dass du reif genug bist, die Entscheidung über die Abtreibung alleine zu treffen.

> **TIPP:** Wenn du ungeschützt mit jemandem Sex hattest und Angst hast, schwanger zu sein, gibt es die »Pille danach«. Sie wirkt bis zu 72 Stunden nach dem Geschlechtsverkehr und kann auch vom Hausarzt oder am Wochenende von einer Klinikambulanz verschrieben werden! Infos gibt es auch rund um die Uhr bei der automatischen Pille-danach-Telefonansage von Pro Familia: 01805 – 776326 (12 Cent/Minute). In Österreich gibt es Infos auf der Website: *www.pille-danach.at*.

Abtreibung ist möglich:

> *sofort, wenn die Schwangerschaft Folge einer Vergewaltigung ist oder ein gesundheitliches Risiko für dich besteht,*

> *innerhalb von 12 Wochen, wenn du die Abtreibung willst und bei einer anerkannten Schwangerschaftsberatungsstelle warst, die dir eine Bescheinigung ausstellt (geh so früh wie möglich hin, denn du musst dann noch mindestens drei Tage warten, bevor der Abbruch vorgenommen wird),*

> *innerhalb von 22 Wochen, wenn du die Abtreibung willst, bei einer anerkannten Schwangerschaftsberatungsstelle warst und sich herausgestellt hat, dass du seelisch oder körperlich durch die Erziehung deines Kindes Schaden nehmen würdest, weil es beispielsweise schwerbehindert auf die Welt käme.*

A: In Österreich ist eine Abtreibung bei Minderjährigen grundsätzlich nicht strafbar.

CH: In der Schweiz musst du, wenn du jünger bist als 16, vor der Abtreibung bei einer Jugendberatungsstelle gewesen sein. Unter 14 bzw. 16 Jahren (das ist abhängig von deiner »Urteilsfähigkeit«) brauchst du auch die Einwilligung deiner Eltern.

Natürlich kann es auch genau andersherum sein, so wie bei Nina, die das Kind gerne bekommen möchte. Dominik hat bei dieser Entscheidung rechtlich gesehen nichts mitzureden. Nina sollte sich aber gut überlegen, wie die Zukunft mit Kind für sie aussehen würde: Wird sich Dominik um das Kind kümmern oder muss sie alles alleine machen? Ist jemand für das Kind da, damit sie Schule und Ausbildung abschließen kann, z. B. ihre Mutter? Oder soll ihr Kind, solange sie zur Schule geht, in einer Pflegefamilie leben? Sie kann das Kind auch zur Adoption freigeben, wenn sie nicht mit einer Abtreibung leben könnte. Dann hat sie aber auch alle Rechte verloren; andere Leute sind die neuen Eltern ihres Kindes. Dass Mütter ihr Kind in eine Babyklappe legen (ihr Kind also heimlich abgeben), ist übrigens extrem selten. Das kommt nur bei Frauen vor, die Schwangerschaft und Geburt vor ihrer Umgebung geheim gehalten haben, und soll verhindern, dass Neugeborene von verzweifelten Müttern getötet werden.

Bei den Fragen der Betreuung deines Kindes oder der Adoption kann dir übrigens das Jugendamt eine große Hilfe sein, denn die Leute dort haben die Kontakte zu Tagesmüttern, Pflege- und Adoptionsfamilien. Falls du nicht mit Kind bei deinen Eltern wohnen bleiben kannst, gibt es auch Mutter-Kind-Heime für euch.

Als minderjährige Mutter hast du noch nicht die komplette elterliche Sorge für dein Kind. Meistens wird vom Gericht ein Pfleger bestellt, mit dem du wichtige Fragen, die dein Kind betreffen, absprechen musst. Sobald du 18 wirst, fällt das natürlich weg. Wenn du das Sorgerecht mit dem Vater des Kindes zusammen haben willst (s. S. 108) und er über 18 ist, braucht ihr keinen Pfleger mehr für das Kind.

Wichtig für dich als Jungen:
Als Vater musst du für dein Kind Unterhalt bezahlen, auch wenn du mit der Mutter des Kindes gar nicht mehr zusammen bist. Kannst du ihn noch nicht aus eigener Tasche zahlen, müssen deine Eltern dafür aufkommen. Das Sorgerecht hast du für dein Kind nicht, außer deine Freundin und du geben eine gemeinsame »Sorgerechtserklärung« beim Jugendamt ab. Der müssen aber auch eure Eltern zustimmen, solange ihr minderjährig seid.

MEIN KÖRPER GEHÖRT MIR

Anja ist 14 und hat einen ziemlich großen Busen. Auf dem Schulhof wird sie oft von den Jungs angemacht wegen ihrer »geilen Titten«. Jetzt hat Anja Angst vor der Klassenfahrt, denn dann kommen die Jungs sicher in ihr Zimmer und werden bestimmt anfangen zu grabschen. Weil Anja schüchtern ist und sich wegen ihres Busens eigentlich schämt, weiß sie nicht, wie sie reagieren soll.

Flirten, Küssen und Streicheln sind klasse – wenn beide es wollen. Aber kein Mensch hat das Recht, Dinge zu tun, die du nicht magst, sei es, dich wegen deines Körpers anzumachen oder dich anzufassen. Ganz egal ob es ein Gleichaltriger ist, den du kennst, oder der große Unbekannte auf der Straße. Und genauso wenig deine Eltern und Großeltern. Du darfst Nein sagen, egal ob du mit Worten belästigt wirst, mit einem Klaps auf den Po oder ob jemand versucht dich zum Sex zu zwingen. Wenn jemand nicht aufhört, obwohl du Nein gesagt hast, macht er sich nämlich strafbar!

Was aber, wenn du – so wie Anja – ein bisschen schüchtern bist oder dich jemand einfach überrumpelt hat? Vielleicht hattest du auf einer Party ein bisschen was getrunken oder gekifft, und obwohl du denjenigen sonst gar nicht besonders magst, hast du ihn oder sie dann doch rangelassen. Wichtig ist, dass du dir keine übertriebenen Schuldgefühle machst. Jeder begeht mal einen Fehler und das mit dem Neinsagen muss man auch erst lernen. Du solltest aber mit jemandem darüber reden, vielleicht mit einem guten Freund oder deiner großen Schwester. Erstens wirst du dann feststellen, dass so was anderen auch schon passiert ist, und zweitens kann derjenige dich vielleicht in Zukunft daran erinnern, Nein zu sagen. Anja könnte z. B. mit einer Freundin, mit der sie auf der Klassenfahrt das Zimmer teilt, reden, und diese würde dann ein bisschen mit aufpassen.

Es kann aber auch sein, dass dich jemand regelmäßig belästigt. Vielleicht fasst dich deine Mutter oder dein großer Bruder an Stellen an, an denen du das nicht in Ordnung findest. Oder ein Kollege in der Lehre lauert dir auf und du traust dich kaum noch hinzugehen. Dann solltest du dir unbedingt Hilfe holen! Erstens weil du zukünftig vor demjenigen geschützt werden musst, der dich gegen deinen Willen anfasst. Und zweitens weil Sex auch später ziemlich ätzend sein kann, wenn die ersten Erfahrungen damit negativ waren.

Die eine Art, sich Hilfe zu holen, ist natürlich bei jemandem, zu dem du Vertrauen hast und der bei dir sein kann, wenn du dem Täter oder der Täterin wieder begegnest. Das ist aber oft gar nicht so einfach, denn du kannst dir ja keinen Leibwächter engagieren, der Tag und Nacht um dich herum ist.

Deshalb solltest du dich, wenn du sexuell belästigt

oder missbraucht worden bist, an eine offizielle Stelle wenden. Das kann die Schulleitung sein, wenn du mit demjenigen an derselben Schule bist. Oder das Jugendamt, falls du dich nicht mehr nach Hause traust und erst mal woanders unterkommen willst. Oder die Polizei, wenn du eine Anzeige erstatten willst. Das ist übrigens auch noch zehn Jahre nach deinem 18. Geburtstag möglich; du musst also nicht sofort etwas unternehmen.

SCHWERER ÄRGER!
– bei der Polizei und vorm Richter

Manchmal kannst du gar nichts dafür, warst beim Sport und hast aus Ungeschicklichkeit deinem Kumpel den Arm gebrochen. Oder die Gefühle sind mit dir durchgegangen, du hast deine Wut an der Tasche eines Klassenkameraden ausgelassen und ahntest nicht, dass da ein Discman unter deiner Schuhsohle knirscht. Dann gibt es noch die Fälle, in denen du weißt, dass etwas nicht erlaubt ist, und es trotzdem tust. Du hast es riskiert, hast vielleicht zu wenig darüber nachgedacht, ob du damit auch anderen schadest, und sie haben dich erwischt.

Musst du jetzt ins Gefängnis? Musst du bis an dein Lebensende für einen Schaden bezahlen? Oder bist du als Jugendlicher befreit von aller Verantwortung?

Natürlich wirst du von der Gesellschaft noch nicht behandelt wie ein Erwachsener. Aber auch Jugendliche werden zur Verantwortung gezogen für all die kleinen und großen Streiche, Mutproben und Gefühlsausbrüche, mit denen sie anderen Schaden zufügen oder die schlichtweg verboten sind. Mit den Folgen musst du leben, also überleg dir vorher, ob sich das wirklich lohnt!

ELTERN HAFTEN FÜR IHRE KINDER?

Benjamin und Patricia, beide 12, machen auf dem Betonfußboden einer Scheune Lagerfeuer. In der Scheune werden zwar nur Geräte und kein Heu gelagert, aber das Feuer wird größer, als sie gedacht haben, und greift schließlich auf eine Plastikplane über. Die beiden können sich retten, aber das ganze Gebäude mit allen Geräten brennt ab.

Benjamin und Patricia haben noch mal Glück gehabt, dass sie mit dem Leben davongekommen sind. Was den Schaden betrifft, den sie angerichtet haben, sieht es aber ziemlich mies für die beiden aus, denn eigentlich weiß man mit zwölf Jahren schon, dass man in einem Gebäude kein Feuer anzünden darf.

Ab dem Alter von sieben Jahren haftest du für den Schaden, den du angerichtet hast, wenn man davon ausgehen kann, dass du schon reif genug bist um zu verstehen, dass gefährlich ist, was du tust (zur Haftung im Straßenverkehr s. S. 57 ff. – Mobil ohne Sorge). Du hast etwas beschädigt, das repariert oder ersetzt werden muss, oder du hast jemandem Schmerzen zugefügt. Für entstandenen Schaden an Sachen zahlst du Schadenersatz, für körperliche Verletzungen Schmerzensgeld.

Wenn deine Eltern eine Haftpflichtversicherung haben, bist du gut dran, falls du fahrlässig Schäden angerichtet hast – sie zahlt Schadenersatz und Schmerzensgeld an denjenigen, der geschädigt wurde. Deshalb ist es ganz wichtig, dass deine Eltern eine Haftpflichtversicherung abgeschlossen haben. Frag sie mal danach!

»fahrlässig« heißt: *Du hast nicht aufgepasst und unabsichtlich jemand anderem Schaden zugefügt.*

»vorsätzlich« heißt: *Du hast absichtlich jemand anderem Schaden zugefügt, weil du ihm etwas antun wolltest oder dir selbst einen Vorteil davon versprochen hast.*

Wenn du vorsätzlich gehandelt hast, zahlt auch die Haftpflichtversicherung nicht. Das heißt dann, du (und nicht deine Eltern!) bist finanziell für den Schaden verantwortlich, und das kann richtig teuer werden. Unter Umständen zahlst du viele Jahre lang in kleinen Raten für so eine dumme Geschichte. Deine Eltern haften nur dann für dich, wenn sie ihre »Aufsichtspflicht« verletzt haben. Da deine Eltern aber nicht die ganze Zeit hinter dir herlaufen und schauen können, was du tust, ist das nur in besonderen Fällen so, z. B. wenn sie ganz in der Nähe waren und eigentlich mitkriegen hätten müssen, dass du gerade mit Pflastersteinen Schaufenster einschmeißt ...

UNWISSENHEIT SCHÜTZT VOR STRAFE NICHT

Die 14-jährige Vanessa zieht sich gerne ausgeflippt an und macht einen auf lässig. Leider fällt sie dadurch auch oft der Polizei auf, wenn sie am Hauptbahnhof umsteigt, und wird viel öfter als ihre Freundinnen bei der Personenkontrolle aufgehalten. Dieses Mal ist sie an einen besonders spießigen Polizisten geraten, der sie persönlich nach Hause bringen will, um ihre Angaben zu überprüfen. Vanessa rastet aus und beschimpft den Beamten als »Scheißbullen«. Da der wenig Humor hat, bringt er sie jetzt erst recht nach Hause und zeigt sie sogar noch wegen Beamtenbeleidigung an.

Dass es nicht besonders nett ist, zu jemandem »Scheißbulle« zu sagen, war Vanessa sicher klar. Doch selbst wenn sie nicht wusste, dass eine Beleidigung eine Straftat ist, hilft ihr das nicht viel, denn mit 14 ist sie strafmündig und kann deshalb auch angezeigt werden.

Alter	Täter ist	Strafrechtliche Einordnung
bis 13	Kind	nicht strafmündig – aber: Straftaten werden von Staatsanwaltschaft und Jugendamt registriert
14–17	Jugendlicher	strafmündig – Straftaten werden nach dem Jugendstrafrecht beurteilt, bei dem der Erziehungsgedanke im Vordergrund steht
18–20	Heranwachsender	strafmündig, aber Bestrafung nach dem Jugendstrafrecht ist möglich, wenn der Täter noch nicht sehr reif ist oder es sich um eine typische Jugendverfehlung handelt
ab 21	Erwachsener	voll strafmündig

Folgen kann eine Straftat für dich also immer haben, egal wie alt du bist. Wobei es natürlich Unterschiede gibt, je nachdem was du angestellt hast! Ein 12-jähriger Mörder wird die Folgen seiner Tat sicher stärker zu spüren bekommen als ein 16-jähriger Ladendieb. Von einem Richter zu einer Gefängnisstrafe verurteilt werden kann der Zwölfjährige aber noch nicht. Beim strafmündigen Ladendieb wird vielleicht – wenn er zum ersten Mal erwischt wurde – das Verfahren sogar eingestellt.

A: In Österreich gilt man strafrechtlich ab 18 als Erwachsener. Die Übergangsphase für die »Heranwachsenden« gibt es nicht.

CH: In der Schweiz ist man bereits im Alter von 7 Jahren strafmündig. Diese Altersgrenze wird – wahrscheinlich ab dem 1. Januar 2006 – auf zehn Jahre heraufgesetzt.

VOM LADENDIEBSTAHL BIS ZUR PRÜGELEI

Der 15-jährige Jan und der 16-jährige Christian sind im Drogeriemarkt und stöbern bei den DVDs. Jan findet einen Film, den er schon lange haben wollte, aber er kostet mehr, als er gerade dabeihat. Jan lässt die DVD unauffällig in seine Tasche gleiten. Aber nicht unauffällig genug. Im Ausgangsbereich werden Jan und Christian von einem Kaufhausdetektiv aufgehalten. Beide rennen sofort los, doch ein Kunde stellt sich ihnen in den Weg. Christian stößt ihm den Ellenbogen in die Rippen, sodass der Mann stürzt und sich den Arm bricht.

Jan und Christian haben beide Straftaten begangen. Dabei ist es schlimmer, jemanden bewusst zu verletzen, als eine DVD zu stehlen. Verschiedene Verstöße werden vom Gesetz unterschiedlich beurteilt und bestraft. Jan hat einen Diebstahl begangen, was beim ersten Mal noch glimpflich ausgehen kann, wahrscheinlich bekommt er aber ein Jahr Hausverbot im Drogeriemarkt. Christian muss sich wegen Körperverletzung verantworten, was wohl nicht ohne Verfahren vor dem Richter und Bestrafung abgehen wird.

Man unterscheidet folgende Straftaten:
> *Ordnungswidrigkeiten* sind kleine Regelverstöße, z. B. Lärmbelästigung, falsche Namensangabe gegenüber einem Polizisten, Radfahren ohne Licht. Sie sind mit Geldbuße belegt.
> *Vergehen* sind leichte Straftaten, z. B. Schwarzfahren, Beleidigung, Ladendiebstahl, Graffiti, Hacken. Sie können beim Erwachsenen mit weniger als einem Jahr Freiheitsstrafe oder mit Geldstrafe bestraft werden.

> *Verbrechen* sind schwere Straftaten, wie z. B. Raub (= Diebstahl mit Gewaltanwendung), schwere Körperverletzung (= bleibende Schäden beim Verletzten), Mord. Erwachsenen droht mindestens ein Jahr Gefängnis oder eine entsprechend hohe Geldstrafe.

Manche Straftaten werden nur auf Antrag verfolgt, das heißt, der Geschädigte muss zur Polizei gehen und dich anzeigen. Vielen Straftaten wird aber grundsätzlich nachgegangen. Wenn die Polizei mitbekommt, dass du etwas Schwerwiegendes angestellt hast, muss sie etwas tun, egal ob das dem Geschädigten wichtig ist oder nicht.

In manchen Fällen kannst du auch schon für den Versuch bestraft werden, eine Straftat zu begehen. Du bist beispielsweise wütend und fuchtelst mit dem Messer nach deinem Gegner, triffst ihn aber nicht. Dann kannst du trotzdem bestraft werden, da es sich um den Versuch einer gefährlichen Körperverletzung handelt.

Als Jugendlicher darfst du keine Waffen besitzen! Ausnahme: Reizstoffsprühdosen sind ab 14 erlaubt, aber wende sie nur im äußersten Notfall an. Zu den Waffen, die für dich verboten sind, gehören z. B. Elektroschockgeräte, Schreckschusspistolen, Luftgewehre, Soft-Air-Waffen und natürlich Schlagringe, Butterflymesser, scharfe Schusswaffen etc.

Viele Straftaten werden nicht von einem alleine begangen, sondern es steckt eine ganze Gruppe dahinter. Und jeder der Beteiligten muss mit für die Tat einstehen, je nachdem wie viel er dazu beigetragen hat. Auch einer, der nur »Schmiere« gestanden hat, wird als Mittäter bestraft. Besonders schwierig wird es natürlich, wenn du eigentlich gar nichts mit der Sache zu tun hast, aber mitbekommst, dass jemand in deiner Umgebung ein Ding drehen will.

Vielleicht weißt du nicht, ob du das, was er dir erzählt, ernst nehmen sollst, manche wollen sich ja auch nur wichtig machen. Oder du magst denjenigen nicht verpetzen, weil ihr befreundet seid. Bei einigen Taten machst du dich aber strafbar, wenn du nicht sofort Anzeige erstattest, sobald du von ihrer Planung erfährst: Mord und Totschlag, Kidnapping und Geiselnahme, Raub, Brandstiftung.

Tipps für Notsituationen

Wenn du in Notwehr handelst, also dich gegen einen Angriff wehrst, wirst du nicht bestraft. Du darfst aber nicht übertreiben, also etwa nicht mit körperlicher Gewalt reagieren, wenn dich jemand beschimpft.

Wenn du siehst, dass jemand einen Unfall hatte oder dass jemand verprügelt wird, und einfach weitergehst, ist das unterlassene Hilfeleistung und strafbar. Du musst zumindest Hilfe (Polizei, Krankenwagen) holen. Versuch, vielleicht Unterstützung von anderen Passanten zu bekommen. Viele Leute wollen nicht der Erste sein, der etwas unternimmt, trauen sich aber als Gruppe!

ERWISCHT, WAS NUN?

Die 17-jährige Caroline und der 16-jährige Niklas sind nicht nur im Kunstunterricht der Schule mit Abstand die Besten. Nachts suchen sie gemeinsam nach langweilig einfarbigen Flächen, zücken die Spraydosen und lassen ihrer Fantasie freien Lauf. Heute ist die Sache schief gegangen und sie sind erwischt worden. Jetzt hocken Caroline und Niklas im Polizeiauto und fragen sich, wie es wohl weitergeht mit ihnen. Eigentlich wollten sie doch nur ihren Spaß haben und die Stadt verschönern ...

Der Spaß ist für Caroline und Niklas erst mal dahin, denn sie sind auf frischer Tat ertappt worden. Manchmal läuft es auch nicht so, dass die Polizei gerade zufällig vorbeikommt, sondern jemand zeigt dich bei der Polizei an. In beiden Fällen arbeitet die Polizei im Auftrag der Staatsanwaltschaft, das heißt, sie muss den Fall untersuchen und dann die Staatsanwaltschaft über das Ergebnis ihrer Ermittlungen informieren.

Erst einmal werden Caroline und Niklas von der Polizei vernommen. Außer ihren persönlichen Daten müssen sie nichts sagen, sie können die Aussage verweigern. Ihre Eltern werden darüber informiert, dass ein Verfahren gegen sie läuft. Graffiti ist eine Sachbeschädigung und die beiden werden sicher – unabhängig vom Strafverfahren – an den Geschädigten Schadenersatz zahlen müssen.

Wenn die Polizei dich bei einer schweren Straftat erwischt, darf sie dich vorläufig festnehmen, falls z. B. die Gefahr besteht, dass du fliehst oder wichtige Beweismaterialien vernichten könntest. Spätestens am nächsten Tag (das heißt innerhalb von 24 Stunden) musst du aber dem Haftrichter vorgeführt werden, der dann entscheidet, wie es weitergeht. Wenn die Anschuldigung sehr schwer ist oder die Sache kompliziert erscheint, solltest du mit deinen Eltern besprechen, dass sie einen Anwalt einschalten, der dir – natürlich gegen Bezahlung – hilft.

Die Polizei wird weitere Beweise sammeln und Zeugen vernehmen, bis alle Informationen zusammen sind, die der Staatsanwalt braucht um die Sache beurteilen zu können. Der Staatsanwalt hat verschiedene Möglichkeiten, nachdem er die Ermittlungsunterlagen geprüft hat. Er kann Anklage gegen dich erheben, das Verfahren einstellen, wenn nicht genug Beweise vorliegen, oder ein Gespräch mit dir führen und versuchen die Sache ohne Gerichtsverhandlung zu klären.

> **TIPP:** Vielleicht fragt dich der Staatsanwalt, ob du dich bereit erklärst, dich bei dem Geschädigten zu entschuldigen und die Sache – soweit es geht – wieder gutzumachen. Das nennt sich »Täter-Opfer-Ausgleich« und du solltest dieses Angebot unbedingt annehmen, falls es in deinem Verfahren auftaucht! Dann kann die Staatsanwaltschaft auch auf eine Anklage und ein Gerichtsverfahren verzichten. Mehr Informationen und Hilfe zum Täter-Opfer-Ausgleich gibt's auf der Website *www.toa-servicebuero.de*.

KOOPERIEREN ODER DEN MUND HALTEN?

Die 16-jährige Jessica ist mit ihrer Clique beim Kiffen erwischt worden. Einer ihrer Freunde hatte auch noch härtere Drogen dabei, die die Polizei beschlagnahmt hat. Dieser Freund behauptet, die Drogen seien nicht von ihm, er habe sie nur eingesteckt, weil sie bei ihm am sichersten seien. Jessica hat bis jetzt zu dem Thema geschwiegen.

Ob du ein umfassendes Geständnis ablegen oder einfach gar nichts sagen solltest, hängt vom Einzelfall ab. Wenn du betrunken mit dem Mofa aus dem Gartenzaun gepflückt worden bist, wird es wenig Sinn machen, wenn du behauptest, du seiest nüchtern und der Zaun sei vorher schon kaputt gewesen. Ebenso sinnlos ist es, wenn du einer alten Frau in aller Öffentlichkeit die Handtasche entreißt und nachher angibst, du wolltest ihr nur beim Tragen helfen. Es gibt Fälle, die sprechen so offensichtlich gegen dich, dass es nur zu deinen Gunsten ausgelegt werden wird, wenn du die Wahrheit sagst. Vielleicht gibt es ja auch gute Gründe, warum du so und nicht anders gehandelt hast. Gründe, die zwar nicht korrekt, aber dennoch irgendwie nachvollziehbar sind, sodass du mildernde Umstände bekommst. So etwas solltest du aber erst mal mit einem Anwalt oder einem Mitarbeiter der Jugendgerichtshilfe klären, bevor du die Hintergründe deiner Tat auspackst.

Wenn die Sachlage nicht eindeutig ist, wie in dem Beispiel mit Jessica, ist es sicher sinnvoll, erst einmal nichts zu sagen (das heißt nur die Personalien anzugeben: Name, Vorname, Geburtsdatum und Adresse), um sich nicht selbst zusätzlich zu belasten. Jessica ist ja nicht nur Beschuldigte, sondern auch Zeugin. Sie weiß sicher, von wem die Drogen stammen, die in ihrer Clique kursieren. Sie sollte aber nichts darüber aussagen, das sie selbst belasten könnte. Was sie aber tun sollte, ist, sich schleunigst einen ungefährlicheren Freundeskreis zu suchen.

Als Beschuldigter hast du folgende Rechte:

> Du kannst zu allem schweigen, musst aber deine persönlichen Angaben (Name, Geburtsdatum, Adresse) preisgeben.

> Von deiner Vernehmung wird ein Protokoll angefertigt. Wenn etwas darin steht, was du so nicht gesagt hast, so kannst du verlangen, dass es richtig gestellt wird. Vorher musst du es nicht unterschreiben!

> Du darfst dir einen Anwalt nehmen (den du bzw. deine Eltern aber unter Umständen selbst bezahlen müssen).

> Du hast das Recht, gegen ein Gerichtsurteil Beschwerde/Revision einzulegen. Das Urteil muss dann noch mal von einem höheren Gericht geprüft werden. Das bedeutet nicht, dass du in jedem Fall eine geringere Strafe bekommst.

VOR DEM RICHTER

Wenn die Polizei alle Umstände der Tat ermittelt hat und der Staatsanwaltschaft zu dem Schluss gekommen ist, dass er Anklage gegen dich erhebt, schickt er eine Anklageschrift an das Jugendgericht, das dann eine Hauptverhandlung anberaumt. Diese Anklage bekommen auch du und – weil du minderjährig bist – deine Eltern sowie die Jugendgerichtshilfe zugesandt.

Jugendgerichtshilfe

Die Jugendgerichtshilfe ist eine Einrichtung speziell für Jugendliche und Heranwachsende, die durch Delikte auffällig geworden sind. Ein Mitarbeiter wird dich zu einem Gespräch einladen. Sofern du noch minderjährig bist, redet er auch mit deinen Eltern. Seine Aufgabe ist es, deine persönliche Entwicklung und dein soziales Umfeld zu prüfen. Vielleicht stellt er fest, dass dein Verhältnis zu deinen Eltern ziemlich mies ist und du durch die falschen Freunde auf die schiefe Bahn geraten bist. Oder du hattest eine Krise, weil du in der Schule durchgefallen bist und gleichzeitig noch deine Freundin dich sitzen gelassen hat. In jedem Fall wird er in seinem schriftlichen und mündlichen Bericht, den er dem Gericht vorlegt, deine Situation entsprechend unparteiisch schildern. Den schriftlichen Bericht kannst du auch zugesandt bekommen oder in den Akten der Jugendgerichtshilfe lesen. Du kannst dich auch selbst an die Jugendgerichtshilfe wenden, wenn du angezeigt oder erwischt worden bist. Sie kann dir beratend zur Seite stehen oder – je nach Fall – sogar den Staatsanwalt kontaktieren, um eine Anklage abzuwenden.

Dann kommt es zur Hauptverhandlung vor dem Jugendrichter. Anwesend sind dabei außer dir der Staatsanwalt, ein Einzelrichter oder ein Schöffengericht, das aus mehreren Personen besteht, ein Mitarbeiter der Jugendgerichtshilfe, dein Rechtsanwalt, falls du dir einen genommen hast, sowie eventuell deine Eltern und Zeugen. Zuschauer sind beim Jugendgericht nicht erlaubt, solange ein Beschuldigter unter 18 Jahren mit angeklagt ist!

Der Ablauf ist folgendermaßen: Zuerst verliest der Staatsanwalt die Anklageschrift. Du darfst dich zu dem Vorwurf äußern, wenn du willst. Falls es welche gibt, werden Zeugen und Sachverständige (Gutachter) vernommen. Dann liest der Mitarbeiter der Jugendgerichtshilfe seine Stellungnahme vor und erteilt einen Vorschlag, wie du bestraft werden sollst. Im Anschluss daran verliest der Staatsanwalt sein Plädoyer, das bedeutet, er schildert seine Sicht der Tat und beantragt eine Strafe. Danach geben du und dein Rechtsanwalt euer Plädoyer ab.

Als Angeklagter hast du das letzte Wort. Der oder die Richter entscheiden, ob du schuldig bist und – falls ja – wie du bestraft werden sollst.

MUSS ICH JETZT INS GEFÄNGNIS?

Der 17-jährige Dennis steht nicht zum ersten Mal vor dem Richter. Bei seinen ersten Diebstählen hat er als Erziehungsmaßnahme nur ein paar Stunden im Altersheim arbeiten müssen. Dieses Mal ist ihm der Einbruch in einen Kiosk nachgewiesen worden. Er hat zwar »nur« Süßigkeiten und Zigaretten gestohlen, aber ein Einbruch ist keine Kleinigkeit und der Richter verhängt eine Jugendstrafe auf Bewährung.

Wenn ein Erwachsener gegen das Gesetz verstößt, soll er erstens dafür bestraft und zweitens davon abgeschreckt werden, noch mal eine Straftat zu begehen. Bei Jugendlichen wie Dennis geht es nicht in erster Linie um Strafe, sondern um Erziehung. Man geht davon aus, dass er noch in der Entwicklung ist und man ihn nicht behandeln kann wie einen hartgesottenen Verbrecher. Da er aber schon öfter erwischt worden ist und dieses Mal auch etwas Schlimmeres angestellt hat als in der Vergangenheit, bekommt er jetzt eine Jugendstrafe aufgebrummt, um ihn zu warnen, dass er so nicht weitermachen sollte.

Trotzdem gelten für Jugendliche nicht dieselben Strafen, die im Strafgesetzbuch für Erwachsene vorgeschrieben sind. Stattdessen gibt es ganz unterschiedliche Maßnahmen und Strafen, die der Richter verhängen kann.

Hier ein paar Beispiele:
Erziehungsmaßnahmen:
> Du musst eine bestimmte Stundenanzahl in einer sozialen Einrichtung ohne Bezahlung arbeiten.
> Du nimmst an einer Gruppe teil, in der ihr die Straftaten und eure Hintergründe dafür besprecht und entsprechende Alternativen einübt.
> Du reparierst den Gegenstand des Geschädigten, den du kaputtgemacht hast (Täter-Opfer-Ausgleich).

Zuchtmittel:

> Du zahlst einen Geldbetrag an eine soziale Einrichtung.

> Du musst in Jugendarrest. Das kann für ein bis zwei Wochenenden einen Aufenthalt in einer speziellen Arrestanstalt bedeuten. Dauerarrest wird für eine Woche bis längstens vier Wochen verhängt.

Jugendstrafe:

> Du musst für mindestens sechs Monate bis maximal zehn Jahre in ein Jugendgefängnis.

> Die Strafe wird vielleicht – wie bei Dennis – zur Bewährung ausgesetzt, wenn der Richter von einer positiven Sozialprognose bei dir ausgeht, das heißt, er gibt dir die Chance, zu beweisen, dass du nichts mehr anstellst. Bewährung heißt, du musst in einem Zeitraum von zwei bis drei Jahren straffrei bleiben, sonst landest du doch noch im Knast. In dieser Zeit hast du regelmäßig Kontakt zu einem Bewährungshelfer, der dir hilft, der aber auch kontrolliert, ob du z. B. Auflagen des Gerichtes einhältst.

CH: Für Kinder zwischen sieben und 14 Jahren gelten in der Schweiz noch sehr milde Regelungen. Erst ab 15 kann man in der Regel zu Geldbußen, sozialer Arbeit oder Freiheitsstrafen verurteilt werden.

VOM LEBEN DANACH

Wenn du nur mal bei einer kleinen Verfehlung erwischt worden bist, wird sich wahrscheinlich in deinem Leben nicht viel ändern. Was aber, wenn du im Arrest oder im Jugendgefängnis gelandet bist? Bist du jetzt vorbestraft? Erfährt ein Arbeitgeber davon, was gelaufen ist, wenn du dich für eine Lehrstelle bewirbst?

Vorstrafen werden für einen bestimmten Zeitraum im so genannten »Führungszeugnis« vermerkt. Manche Arbeitgeber wollen das Führungszeugnis sehen, besonders wenn du im Beruf z. B. mit viel Geld hantieren musst oder den ganzen Tag im Straßenverkehr unterwegs bist. Vorbestraft bist du nur in dem Fall, dass eine Jugendstrafe gegen dich verhängt worden ist und du diese Strafe auch abgesessen hast. Eine Vorstrafe taucht bei Jugendlichen nicht im Führungszeugnis auf, wenn die Jugendstrafe weniger als zwei Jahre betrug und ganz oder teilweise zur Bewährung ausgesetzt wurde. Falls du dir nicht ganz sicher bist, ob in deinem Führungszeugnis etwas steht, kannst du es beim Einwohnermeldeamt anfordern (gegen eine Gebühr von aktuell 13 Euro).

Alle Maßnahmen außer der Jugendstrafe werden in einem so genannten »Erziehungsregister« verzeichnet. Das Erziehungsregister ist nur für Gerichte und Staatsanwaltschaften einsehbar, damit sie nachschauen können, was bei dir in der Vergangenheit gelaufen ist, falls du ihnen erneut auffällst. Es hat aber kein Privatmensch das Recht, diese Unterlagen zu sehen – nicht einmal mit deinem Einverständnis!

Wichtige Adressen

Deutschland
Jugendinformationszentrum München
(kostenlose Rechtsberatung für Jugendliche)
Paul-Heyse-Straße 22
D – 80336 München
Tel. 089/514 106-60, Fax: 089/514 106–96
www.jiz-muenchen.de, info@jiz-muenchen.de
(Weitere Adressen deutschlandweit unter: *www.jugendserver.de*)

Nummer gegen Kummer e.V.
(Sorgentelefon für Kinder und Jugendliche)
Kleiner Werth 34
D – 42275 Wuppertal
Tel. 0800/111 0 333 (Mo–Fr 15–19 Uhr)
www.kinderundjugendtelefon.de, info@nummergegenkummer.de

Online-Beratung für Kinder und Jugendliche:
www.kijuchat.de

Österreich
jugendinfo.at
(Informationen zu diversen Jugendthemen)
Franz-Josefs-Kai 51
A – 1010 Wien
Free-Number: 0800/240 266, Tel. 01/533 70 30, Fax: 01/533 70 40,
www.jugendinfo.at, ministerium@jugendinfo.at

BM für soziale Sicherheit, Generationen und Konsumentenschutz
Kinder- und Jugendanwaltschaft (kostenlose Rechtsberatung für Jugendliche)
Franz-Josefs-Kai 51
A – 1010 Wien
Free-Number: 0800/240 264, Tel. 01/711 00-0,
Fax: 01/718 94 70/1884,
www.kija.at; martina.staffe@bmsg.gv.at (Hier erhältst du auch die Adressen der Jugendanwaltschaften in den einzelnen Bundesländern!)

Schweiz

pro juventute
(Informationen zu diversen Jugendthemen)
Seehofstrasse 15
CH – 8032 Zürich
Tel. 01/256 77 77, Fax 01/256 77 78
www.projuventute.ch, info@projuventute.ch
betreiben außerdem: *www.tschau.ch* (Online-Forum für Jugendliche)
und: *www.147.ch* (telefonische Beratung von Kindern und Jugendlichen 24 h täglich unter Tel. 147 oder per E-Mail: 147@projuventute.ch)

Literaturhinweis für die Schweiz:
okaj Zürich (Hrsg.); Alles was Recht ist – Rechtshandbuch für Jugendarbeitende; Orell Füssli Verlag; ISBN 3-280-07089-9

Danksagung

Viele fachkundige Experten haben uns für dieses Buch Rede und Antwort gestanden.

Für ihre wertvollen Auskünfte und ihr Feedback danken wir ganz besonders Schulrektor Robert Kotouc, Rechtsanwalt Jost Kärger vom ADAC *(www.strafzettel.de)*; Prof. Dr. jur. Dirk Heckmann, Professor für Internetrecht an der Universität Passau; Gertrud Oswald, Dr. Tatjana Neuwald, Grit Findeisen und Hubert Schöffmann von der Industrie- und Handelskammer München; Ulf Kortstock von der juristischen Fakultät der Universität Regensburg; Klaus Joelsen von der Fachstelle für Kinder- und Jugendschutz des Stadtjugendamtes München; Dipl. Soz. Päd. (FH) Hans Nußstein von der Jugendgerichtshilfe des Stadtjugendamtes München; Dr. jur. Myriam Menter und Dipl. Soz. Päd. (FH) Bernhard Scharl vom Deutschen Kinderschutzbund, Landesverband Bayern; Prof. Dr. Elmar Wiesendahl, Professor für Politikwissenschaften an der Universität der Bundeswehr München; Anne Fromm vom Präventionsprojekt Inside, Condrobs e.V., München; den Mitarbeiterinnen der pro familia e.V., München; Mag. Gundula Sayouni, Bundesministerium für soziale Sicherheit, Generationen und Konsumentenschutz, Österreich; sowie der Kinderlobby, Lenzburg, Schweiz.

Und natürlich danken wir auch unserer Lektorin Dipl.-Päd. (univ.) Constanze Breckoff!